大東建託の内幕

"アパート経営商法"の闇を追う

三宅勝久

同時代社

＊目次

はじめに

私は特定のスポンサーを持たないフリーランスのジャーナリストである。収入は安定していないが、取材費と時間の許す限り、関心が向くままにテーマを追及できる自由さがある。本書の主題である大東建託の問題も、首を突っ込むようになったきっかけはほとんど気まぐれに近い好奇心だった。

いまからおよそ九年前の二〇〇九年秋、仕事がそう忙しくもなかったある日のこと、なにか記事にできそうなテーマはないかとインターネットでニュースをながめていた私は、〈提訴・自殺原因は「パワハラ」　妻らが大東建託を〉という五〇〇文字ほどの短い記事を見つけた。そして裁判の傍聴に出かけることにした。

この裁判に興味を持ったのは「大東建託」という有名な会社が当事者だったからだが、だからといって「大東建託は問題企業である」といった意識があったわけではない。上場企業で、派手なテレビコマーシャルや新聞広告をよく出しているといった程度の印象しかなかった。それでも取材を思い立ったのは、「あの有名な会社でいったい何があったのだろう」という純粋な興味からである。

むろん、大東建託に限らず、いろいろな大企業をめぐって日々さまざまな問題が新聞やテレビで報道されている。劣悪な労働環境によって体をむしばまれた社員や元社員、あるいは遺族が会社を訴え、記者会見をしたといったニュースもときおり目にする。詳しく取材したいと思うことはしばしばだ。だが一介のフリージャーナリストにはちょっとした壁があった。記事に十分な手がかりが書かれておらず、当事者にたどりつけないことが多いのだ。せめて代理人弁護士の名前でもあれば助かるのだが、日本の新聞やテレビは、そういった配慮をする習慣がない。

その点、私が目にした「提訴」の記事には、珍しく原告の氏名が明記されていた。当事者名がわかれば裁判所に照会して事件を特定できる。記者クラブで待っていれば自動的に情報が入ってくるといった特権を持たない私のような立場でも、これなら比較的簡単に取材できる。そんな判断があった。以後現在まで足掛け九年間にわたり、私は大東建託に批判的な記事を書き続けることになる。それほど深入りしようとは予想もしていなかった。

大東建託が深刻な問題を抱えた会社であることは、取材をはじめてすぐに気づいた。記事を出すと次々に情報が集まり、それをまた書いた。記事を発表した媒体は、主に「マイニュースジャパン」というインターネットのニュースサイト※だ。企業のスポンサーに頼らず読者の会費のみで経営する小規模メディアである。

取材を続けながら奇妙に思ったことがある。大東建託が問題に満ちた会社であることは、少しでも関心のある人にとっては常識だった。にもかかわらず新聞やテレビが批判的な報道をすることは皆無だったからだ。広告料を払われているからなのか、それとも別の理由なのか、真相はわからない。皮肉にも、新聞・テレビがやらない結果、私のところに情報が集まった。いくら書いても、しかし、大東建託の問題経営は改められることなく続き、自殺者をはじめとする被害者を生み続けた。

以上のようないきさつで、私は大東建託の暗部を目撃するに至った。本書で紹介する社員や顧客らの生々しい証言や数々の事実からは、大メディアを通じて一般に広がっている同社のイメージとは似ても似つかぬ、「もうひとつの顔」が浮かんでくるにちがいない。

※「マイニュースジャパン」http://www.mynewsjapan.com

＊ 本文中登場人物は一部仮名としました。年齢肩書等は取材当時のものです。

第1部

使い捨てられる社員たち

営業社員が自殺したという新聞記事がきっかけで大東建託の取材をはじめた私は、まもなくして、この会社の社員らが劣悪きわまりない労働環境に置かれていることを知る。不正が日常的に行われ、犯罪に問われる社員もいた。テレビコマーシャルの好印象からは想像もつかなかった有名大企業のもうひとつの顔だった。

扉写真：東京・品川の大東建託本社

第1章　藤枝支店自死事件

「大東建託」不在の法廷

二〇一〇年二月一日の朝、疾走する東京発岡山行新幹線ひかり四六三号の自由席車両のなかに私はいた。静岡地方裁判所でまもなく開かれる民事裁判を傍聴するのが旅の目的だった。

自殺で亡くなった大東建託の社員の遺族が同社を訴えた事件の概要は、新聞記事の情報に加えて、あらかじめ裁判記録に目をとおしているので頭に入っている。私は背もたれに深くもたれて目をつむり、記憶を反芻《はんすう》した。

〈――亡くなったのは山坂浩二さん（仮名、享年四二）だ。大東建託藤枝支店（静岡県藤枝市）の建築営業課に所属する営業マンだった。顧客とのトラブルから数百万円を支店で負担することになった。山坂さんは、このうち三六〇万円を払うよう上司から再三求められていた。そして、悩んだ末、二〇〇七年一〇月四日に自殺した〉

妻ら親族が原告となり約四〇〇〇万円の損害賠償を求める訴訟を静岡地裁に起こしたのは、二年後の二〇〇九年一一月（後に請求額を一億三五〇〇万円に変更）。山坂さんが自殺したのは、上司らの不当な要求が原因で抑うつ状態に陥ったためであり、会社に責任がある――という訴えだった。一方被告の大東建託は、全面的に争う姿勢を見せている。今日は第一回目の口頭弁論期日だった。

仕事に関連して三六〇万円を払えと上司に言われたというのだが、そこの事情がよくわからなかった。月給をとっている会社員が、どうして金を請求されるのか。

車窓を雨に濡れた灰色の風景が流れていく。軽い眠気が襲ってきた。正面突き当たりの電光掲示板にニュースを伝える橙色の文字が流れている。

〈連続不審死で「女」を再逮捕へ。朝日新聞〉

ふと、駆け出しの新聞記者だったころを思い出して憂鬱な気分になった。毎日朝から晩まで、警察官の機嫌をとっては「ネタ」をもらう「取材」に駆り立てられた。睡眠不足と過労で思考力が奪われていった。事件が起きると、マスコミと警察が一体となり、高揚した異様な空気に包まれた。そういうネタ取りゲームが好きな者もいたが、私の性には合わなかった。あれから二〇年近くが経つ。いまも同じことを新人記者にやらせているのだろうか。

まどろんでいるうちに列車は静岡駅のホームへ滑り込んだ。

駿府城の堀と石垣を横目にしばらく歩いたところに静岡地裁はある。建て直したばかりで真新しい。私は二〇四号法廷に入って傍聴席に座った。やがて裁判がはじまる。原告席には宇佐美達也弁護士ら弁護団と女性がいた。女性は亡くなった山坂さんの妻である。向こう正面の被告席は空いたままだ。

静岡地方裁判所

大東建託の代理人弁護士は法廷に来ないらしい。第一回口頭弁論期日に被告は欠席してもよいと民事訴訟法で決まっている。

妻が証言台に座り、裁判官の前で心境を述べる。

「夫が亡くなって二年三ヵ月がたちました。何が起こったのかいまだによくわからないけど、いま、亡くなったのは事実だということを頭の中で認識すると、悲しくてたまらないです。普段の娘との生活の中では夫のことを頭から切り離していますが、思い出すと無念な気持ちと強い怒りで頭がいっぱいになります。……夫は仕事上のトラブルが原因で、人生を終えるという選択をしてしまいました。それにもかかわらず会社側は事実を認めず、その責任から逃れようとしています。それが遺族にとっては一番残念で無念なことです。（中略）会社は、自ら命を絶つまで夫を追い込んだ事実をしっかり認め、社員をそこまで追い込んで苦しめたことをしっかりと受け止めて欲しいです…」

ときおり震えるか細い声が、傍聴人のまばらな法廷に響く。司法修習生らしい女性もじっと聞いている。

年間売り上げ高は約九五四八億円・経常利益約七三九億円、一万三〇〇〇人あまりの従業員を持つ巨大企業（連結・二〇〇九年三月期）を相手にした遺族の闘いは、こうして静かにはじまった。

「三六〇万円払え」

閉廷後、私は故山坂さんの妻と代理人である宇佐美弁護士から話を聞かせてもらった。それによれば、ことの経緯はおよそ次のとおりである。

山坂さんが失踪したのは二〇〇七年一〇月三日の夜のことだった。この日、いつものように夕方ごろいったん帰宅し、再び出て行った。それが最後だった。

連絡がつかなくなって動転した妻は、翌日になって勤務先の藤枝支店に行く。対応したのは支店長と課長。彼らが口をそろえて言った言葉を忘れることができない。

「みんなのために協力してほしい」

彼らは言った。「協力」とは金だ。山坂さんには会社に払うべき金が約三六〇万円あるから早く払えというのだ。

なぜそんなことになるのか。支店長らは概ねこう説明した。

〈山坂さんが担当となってアパート建設を進めていたところ、「追加の自己資金」が必要となった。それが原因で施主の間でトラブルが起きた。そして追加費用の一部を支店長ら上司二人と浩二さんの計三人で埋め合わせることで決着した。埋め合わせの金額は約七七〇万円。上司がそれぞれ約二〇〇万円、浩二さんが約三六〇万円を負担することになった〉

支店長らは焦っている様子だった。

「本社に入金を待ってもらっている」

「自分たちはすでに払った。あとは山坂さんの三六〇万円だけだ。早く払ってほしい」

「払ってもらわないと皆クビになる」

夫の安否を心配する妻を前に無神経な発言を繰り返した。行方不明になった部下を探すどころではない。

ちょうどその頃、山坂さんは生死の境で逡巡していたとみられる。「会社が力を貸してくれていれば助かったかもしれない」と遺族は悔やみきれない。

支店からさほど遠くない海辺で山坂さんが首を吊っているのを警察官が発見したのは、次の日の未明だった。現場には飲料水の空瓶数本とたばこの吸殻が散乱し、所持品から走り書きがされた銀行のメモ用紙が見つかった。

「無責任ですみませんでした」

メモ用紙にはそう書かれていた。遺書の宛先はトラブルとなった顧客の男性だった。どういう意味なのか、何を謝っているのか――混乱する妻に対し、またもや支店長が無神経な言葉を投げつけた。

「車の中に残っている書類を返してほしい」

数日後に営まれた葬儀の席に、支店長や課長の姿はなかったという。

夫はなぜ死んだのか、会社に何かやましいことでもあるのかと、大東建託に対する遺族の不信感は膨らむ一方だった。やがて上司らと連絡が取れなくなってしまう。会社からはといえば、謝罪はおろか説明もない。

提訴を決断したのは、こうした大東建託の不誠実な姿勢に傷つき、怒りに耐えられなくなったからだった。

工事代金が膨らんだアパート

訴訟が進むにつれて、山坂さんが亡くなった背景が次第に浮き彫りになってきた。

トラブルになった顧客とは、焼津市内の元旅館店主であるAさんだ。山坂さんが担当となり、廃業した旅館の跡地にアパートを建てる話を進めていた。旅館の建物を壊した上で、大東建託がアパート一棟を建てる。その脇に自宅用の一戸建てを別の建設会社に発注してつくる。そんな内容だ。費用は、アパート部分が一億数千万円、自宅が数千万円。ほとんど融資でまかなう。

山坂さんは、上司と相談しながらプランを作り無事契約をかわした。ところが問題が発生する。アパートのほうは融資のめどがついたものの、自宅の一戸建てに対してはどこの金融機関も融資を断ってきたのだ。

融資が不調になったことでAさんの熱意は冷めてしまう。元旅館はすでに取り壊されていたが、契約を解約して白紙に戻したいと言いだした。もともと乗り気ではなかったのだ。一方の山坂さんも、計画を進めたくなかった様子がうかがえる。

「手を引きたかったが上司が認めない」

生前山坂さんは家族にそうこぼしている。

しかし結局、解約ではなく、計画を練り直して再提案する仕事を山坂さんはやらされる。一戸建てを中止して、アパートのなかに自宅を増設する変更案をつくると、Aさんに見せた。これなら、自宅分も含めてすべて融資でまかなえそうだった。

だが変更案には別の問題があった。自宅部分を付け加えたことでアパートの建築費が三〇〇〇万円ほど増加する。それに伴ってAさんの負担する「自己資金」が七七〇万円増えたのだ。

「話がちがうじゃないか」とAさんは怒り、解約したいと言い出した。キャンセルをさせず計画を進めようとする会社と、憤慨する顧客の間で、山坂さんは板挟みになった。

トラブルを抱えて悩んでいる様子は家族も知っていた。妻によればこんな話をしたことがあるという。

「もうあの案件からははずされた。（元旅館店主の所に）行かなくていい」

それを聞いて妻は安堵した。ところが、じっさいは「はずされ」るどころか、追加費用の埋め合わせをさせられる状況に追い詰められていた。この状況を妻が知ったのは、亡くなる数日前のことだ。

「車の中に新車をローンで買うための申し込み書があったんです。車を買う予定などなかったので驚いて聞いたら、怒らないで、と前置きして話しはじめました。例のアパートの件で三六〇万円をかぶらなきゃいけないって」

妻は当然反対した。

「なぜ給料をもらっている社員が仕事のために身銭を切らなければならないの？　払えないと言えばいいじゃないの」

山坂さんはこう答えたという。

「辞めても請求される…」

本人不在で決められた「覚書」

「覚書」と題された文書が見つかったのは、山坂さんの死後である。

〔覚書〕

A様

契約から着工時金ご入金後の解体工事までの工事進行につまづき、それ以降の工程にも遅延するなどA様に多大なご迷惑をお掛けしましたのは当社の責と認め、心よりお詫び申し上げます…（中略）

…以下の項目についてはA様に確認させていただきます。

・今後いっさい工事費の追加は無いものとする。

・建物完成引渡しは平成一九年一二月中旬とする。

・事業計算書に記載されている自己資金については、関係者三名にて全額負担するものとする。

（後略）

「関係者三名」とは、支店長、課長、そして担当の山坂さんのことだ。計画変更によって発生した問題の「自己資金」増額分七七〇万円を、この社員三人が肩代わりするという合意書である。

また、覚書のほかに、三人の負担割合を書いた文書も見つかった。支店長と課長がそれぞれ約二〇〇万円を払い、残りの約三六〇万円を山坂さんが払うとある。一番立場の低い山坂さんがもっとも多額を負担するという話になっている。

これらの文書の存在については、山坂さんが話していたので家族も知っていた。

「話し合いの場に自分はいなかった。意に反してサインさせられた」

納得のいかない様子でそう漏らしていたという。

「自己資金」とは、いうまでもなく、本来なら契約した顧客自身が払うはずのものである。しかし、契約を獲得するために、顧客には支店が肩代わりするという約束をし、本社には「顧客から（自己資金の）入金がされる」と嘘の説明をした。入金がなければ不正が発覚する。工事も進まなくなる。支店長や課長がしきりに入金を求め、「クビになる」とまで言ったのはこうした事情からだろう。

やがて山坂さんの様子に変化が現れた。口数が減る、大声を出す、好きだった音楽を聴かない、外食もほとんどいかなくなる、不眠――。うつ病に典型的な症状だった。

毎日一五時間超の労働

山坂さんが大東建託に入社したのは、亡くなる五年前の、二〇〇二年一一月だ。勤めていた建設会社が倒産して転職した。以来「建築営業」と呼ばれる営業マンとして藤枝支店で働いてきた。土地を所有する人を訪ねてアパート経営を働きかけ、建築契約を取る仕事である。

「仕事が大変だ」

入社以来たえずそう言い続けてきたという。朝八時から深夜まで、毎日一五時間以上の長時間労働だった。子どもが誕生しても、顔を見るのもままならなかった。

大東建託藤枝支店

妻が言う。

「私が働いていたこともあって、夜八時ごろにいったん帰ってきて子どもを風呂に入れて、それからまた仕事に出かける、そんな毎日でした。土日もたいてい仕事に行っていました」

外回りの仕事だから、家に立ち寄ろうと思えば簡単にできそうにみえる。しかし、会社は社員にＰＨＳ（携帯電話）を所持させ、発信電波を利用して常に行動を検知していた。だから一時帰宅するにも神経を使ったという。

「ＰＨＳ持っていると家にいるのがバレてしまうんです。どうしても子どもを風呂に入れてほしいときは、ＰＨＳをほかの場所においてこっそり帰宅していました」（妻）

山坂さんが送っていた平均的な一日——

午前七時前に起床、日報を書いて朝食抜きで出勤する。支店に着くとまず朝の会議だ。「きょうはここを回ります」などと、飛び込み営業をする地域を打ちあわせる。

藤枝支店に営業は三つの課があり、それぞれ五～六人の営業マンがいる。会議を終えた課員たちは、課ごとに三台の車に分乗して支店を出発、営業予定地の付近で一斉に車を降りて徒歩で営業を開始する。地主らしい家を訪ねては「アパートを建てませんか」と勧誘する。売り文句はこうだ。

「アパートを建てると相続税が安くなりますよ」

「家賃収入が入ります」

「一括借り上げ[※1]で家賃保証があるので安心ですよ」

山坂さんの受け持ちは焼津市と藤枝市だった。静岡県のベッドタウンである。遊休地が比較的ある。地主は高齢で無職の人が多い。こうした地主たちを片端から訪ね歩くのだ。

午後は個人行動である。各人自分の車に乗って心当たりのある地主のところへ行く。あてがないときは引き続き飛び込み営業をする。称して「終日訪問」だ。一日中、朝から夕方まで終日歩き回って、手当たり次第に訪問する。

営業マンにとって「終日訪問」は苦痛だ。できることならやりたくないと山坂さんは家族に話していたという。

飛び込み営業の結果、少しでも脈がありそうな地主が現れると猛烈に勧誘する。相手が外出して不在なら帰宅するまで待つ。平日に仕事や用事がある人なら休日に訪ねる。支店長や課長を連れていき、契約を獲得すべく熱心に口説く。

夜になっても仕事は終わらない。夜八時半に支店で終礼をやる。山坂さんがこっそり家に立ち寄っていたのは、たいていこの終礼の後だった。幼い子どもの顔を見るとあわただしく仕事に戻っていった。

「地主の家の前で深夜まで待っているようなことが多かった。上司と一緒だと引き揚げたくてもできないとこぼしていました」

妻が振り返る。

夜がふけて外回りの仕事がやっと終わると、今度は翌朝の会議に備えて日報をつくらねばならなかった。車の中や自宅で日報を書く様子を家族は目にしている。

過酷な営業努力が実を結び、契約が取れそうになったとしても楽にはならない。客の希望に合わせて建設案や試算書をつくる。法務局や市役所で書類を取る。建蔽《けんぺい》率や容積率といった細かい計算もしなければならない。仕事は増えるばかりだ。

長い一日が終わって帰宅できるのは、早くて午後一一時、遅ければ午前一時か二時になる。疲労困《こん》憊《ぱい》して、風呂も入らずに冷えた食事を電子レンジで温めて食べる。帰ったままの格好で寝てしまうこともしばしばあった。

「建築営業は大東建託のなかでも一番過酷な職場、たいてい一年以内で辞めてしまう、三年いればベテランだ――」

山坂さんは生前、家族にそんな話をしている。「三年いればベテラン」と言われる職場に五年もいたのだから、ベテラン中のベテランということになる。その分大きな精神的負荷を受けていた可能性がある。胆嚢《たんのう》結石の発作が起きたときでさえ仕事が最優先だった。当時の様子を妻が話す。

「痛い痛いと言っていたんです。それでも病院に行く暇がない。とうとう我慢できなくなってから病院に行った。即手術です。そんなときでも会社は電話をしてきました。電話を切ればいいじゃないの、と私が言うと、切れないんだと…」

手術後ものの一日もせずに退院し、痛みをこらえて仕事に出て行った。

疲れきった夫の姿に妻は心を痛め、ある日ついに言った。

「そんな仕事辞めたら――」

山坂さんは辞めたがっていた。じっさいに辞めたいと上司に伝えたこともあった。しかし働き続けた。亡くなる少し前、山坂さんはこう言ったという。

「家族のために稼ぎたい。あと一年くらいやったら辞める」

件《くだん》の「三六〇万円」のトラブルに巻き込まれたのは、苦しい仕事に見切りをつける決心をした矢先のことだった。

「歩合制」の落とし穴

大東建託の二〇〇九年三月期有価証券報告書によれば、平均年間給与は八九一万円[※2]と高額だ。しかし、誰もが高いとは限らない。歩合給をとっているため、業績に応じて給与は大きく乱高下する。固定給は月額二八万円ほどで、これに加えて、契約を取って完工した場合に契約金額の一・五～三％が歩合給として払われる仕組みだ。契約・完工が続けば収入は上がるが、それがなければ、減給制度もあって収入は激減する。

山坂さんも一時は月に一〇〇〇万円を超す収入を得たが、一方で持ち出し（給料ゼロ）の月もあったという。最終的には金に困っていた。消費者金融や上司に借金していたことが死後判明した。酒やギャンブル、浮気に費した形跡はなく、生活ぶりもつつましかった。何のために金が必要だったのか。妻は「仕事」につぎ込んだのではないかと疑っている。

融資の見通しが立たないうちから次々に契約を取るのが藤枝支店のやり方だった。順調に融資がついて竣工すればよいが、融資不調で解約になることもある。解約になると初期費用（受注金三〇万円など）を顧客がかぶる。山坂さんは、顧客に代わってそうした費用を払っていたのではないか。

「ある現場では、工事車両をとめるための駐車代金まで夫が払わされたようです。私が知らないところでもそんな立て替えがあったんじゃないでしょうか。だからお金がなかったのではないか」

妻はそう話す。

自分も死にたくなったことがある――夫が亡くなった後、妻は大東建託の元社員からそんな電話をもらった。ひどい職場環境なのだとあらためて思った。山坂さんは責任感のある人だったという。

「…それだからよけいに苦しかったのだと思います。このままでは同じような悲劇がまた起きてしまうんじゃないでしょうか」

ノーコメント

一区切りがついたところで、私は大東建託に質問を投げかけた。

〈業績を挙げるために社員が身銭を切っているとすれば、コンプライアンス上問題ではないか。本当にそんなことが横行しているのか〉

すぐに返事があったが、内容の乏しいものだった。

「裁判中につき、コメントは控えさせていただきます」

取材を通じて浮かんできたのは、CMで受ける好印象とはまったく違う、陰惨と言ってもいいような劣悪な職場風景だった。私の中で大東建託に対する興味が俄然膨らんできた。

＊〔二〇一〇年二月二四日「マイニュースジャパン」掲載記事に加筆・修正〕

※1　「一括借り上げ」はサブリースとも呼ばれる。大東建託の「売り」のひとつ。家主が建てたアパートや賃貸マンションを子会社が借り上げて、家賃回収や入居者集めなどの管理業務を代行する。家主は家賃収入の約一〇〜一五％にあたる手数料を払うが、空室がでても家賃が保証される。一見魅力的だが、

契約上賃料は築一〇年を過ぎた時点で見直しが可能で、往々にして下げられる。家賃見直し協議が不調になると借り上げ契約を一方的に解約することもある。また、大東建託の指定業者をつかって修理などをしなければならないなど、家主にとって不利な条件が多数ある。家主が借り上げ契約の内容をよく理解していない場合も多い。

※2　二〇一七年三月期の有価証券報告書では、平均年間給与は八九二万七〇〇〇円。

第2章 会長の報酬は二・六億円 労災認定も責任とらず

労災認定に「ノーコメント」

自殺した山坂浩二さん（仮名）の遺族が大東建託を提訴してから半年後の二〇一〇年五月、大きな進展があった。島田労働基準監督署が労働災害を認定し、遺族に一時金と年金を支給することを決定したのだ。

〈毎日一五時間を超す過酷な労働をさせられた上に、顧客とのトラブルの穴埋めとして三六〇万円の支払いを上司から強要された。結果、精神的に追い詰められてうつ病を発症、自殺した。会社には使用者責任がある〉

そういう遺族側の主張がほぼ完全に認められた。亡くなる直前半年間の残業時間は、少ない月で八〇時間、多いときは一二〇時間に達していたことが労基署の調査で判明した。労災認定により裁判は決着したも同然だった。※1

さっそく私は大東建託に電話をかけて見解をただした。「信頼回復に努める」といったありきたりのコメントを予想していたところ、返ってきたのは意外な言葉だった。
「労災認定が出たことは認識しているが、これはご遺族と労働基準監督署の問題である。したがってコメントする立場にない」

私はあきれた。「コメントする立場にない」とはまるで他人ごとだ。大東建託はれっきとした当事者ではないか。非常識で異様な社風を感じた。

労災認定の一件から数週間後の二〇一〇年六月、株主総会が開かれた。そこで役員報酬の一部が明らかにされた。その額をみて私は再び驚いた。創業者で大株主でもある多田勝美代表取締役会長の年間報酬は、ストックオプションを含めて実に二億五八〇〇万円もの金額だったからだ。

責任を取るどころではない。社員を死ぬほど働かせておいて、これだけのカネを役員一人が受け取ることに問題はないのか。私はあらためて大東建託に質問した。
「多田勝美会長に二億五八〇〇万円もの報酬を払ったのはなぜですか」

質問してから二時間ほどで、広報を担当する経営企画室の男性社員から電話で回答があった。
「役員報酬についてですが…企業業績、勤続年数等の定量的要素に加え、各取締役の経営能力、功績、貢献度などの定性的な要素を考慮し、決定しています」

電話口の社員はスラスラと言った。藤枝支店の事件については一言も触れなかった。

有価証券報告書によれば、多田会長は一九七四年（昭和四九年）に、大東建託の前身である「大東産業」を創業した。以来、三六年間にわたって企業オーナーとして采配を振ってきた。資産管理会社名義の株式を含めて三〇％を持つ大株主である。※2その勤務年数と業績、会社への貢献度をみれば二億五八〇〇万円は妥当な額だということらしい。

確かに大東建託の「数字」は順調に伸びている。二〇一〇年三月期の決算（連結）によれば、売上高は前年比一・九％増の九七二六億一六〇〇万円、経常利益は同三・六％増の七〇六億六三〇〇万円だ。不況下でこれだけの業績を出しているというのは注目に値する。※3

多田氏の自宅は東京・田園調布の高級住宅街にある。五〇〇坪近くもある敷地に建てた地上二階地下一階、延べ床面積が三〇〇坪近い豪邸だ。土地だけで何十億円もするだろう。抵当権はついていない。

自ら命を絶つまで働き続けた社員のことなど、超富裕層の多田会長にとってはどうでもいいことなのかもしれない。豪邸を見上げながら私は思った。

「殺されても放すな」

「自殺した社員の労災認定についてノーコメントというのはひどい。長時間労働・サービス残業にも社員は耐えてきました。これでは全く労働環境の改善にはならないじゃないですか」

大東建託元社員の菊池和夫さん（仮名、四〇歳代）は顔をしかめて嘆いた。営業職以外の職場で働いていたが、過労で体を壊して数年前に退社した。藤枝支店の出来事を私の記事で知り、ぜひ話を聞いてほしいと連絡してきたのだ。菊池さんが続ける。

「こんな異常なことをしていると、また自殺するような被害者が出てしまいますよ。もっとも、経営陣が変わらない限り、この会社が変わるのは難しいかもしれませんがね」

異常だという「大東建託文化」の一例として、支店で毎日繰り広げられる朝礼の光景を教えてくれた。

「私がいたのは、社員が五〇人ほどの中規模から大規模といわれる支店でした。朝礼は八時四五分からですが、まず『大東鬼一〇則』というのを全員で唱和します…」

広告代理店最大手・電通に伝わる有名なスローガンに「電通鬼一〇則」というのがある。「大東鬼一〇則」は、これをそのまま使ったものだ。朝礼当番の営業担当社員が大声で読み上げて、ほかの社員が続いて唱和する。

ひとつ、仕事は自ら「創る」べきであたえられるべきでない！

ふたつ、仕事とは先手先手と「働き掛け」ていくことで受身でやるものではない！

みっつ、…

「取り組んだら放すな、殺されても放すな、目的完遂までは」という過激な文句もある。

「もちろん大声です。声が小さいと『やり直し！』と支店長のゲキが飛びます」

「一〇則」の大唱和が終わると、各課の課長が「今日の目標や業務連絡」といった報告を手早く行う。その後は支店長のスピーチだ。「契約取るまで帰ってくるな！」などとしばしば怒鳴る。

支店長が怒鳴り声を上げる相手は、もっぱら建築営業課の社員たちだ。幸い菊池さんは別の職種だったので、苦痛の度合いは比較的小さかったという。

朝礼の後は各課ごとでミーティング（打ち合わせ）をやるのが習わしだった。建築営業以外のところは簡単な確認程度で終わり、それぞれ仕事につく。菊池さんもそうだった。しかし建築営業課だけは様子がちがう。菊池さんが説明する。

「ウチの支店に建築営業課は三つありました。それぞれ四人から五人の課員がいますから、全部で一五人くらい。彼ら全員が大部屋の一角の壁際に整列して、外回りに出かける前の打ち合わせをやるんです。これがすごい」

このころになると、菊池さんたちは席について各自の仕事をしている。建築営業の社員たちがミーティングをしている場所からはかなり離れていたが、席まで大声が届いた。

「見込み客どうなっているんだ！　リッチは取れたか！」

建築営業課長が怒鳴っている。

「今日中にリッチ△件取ります！　リッチ取れるまで戻って来ません！」

部下が声を張り上げて答える。

「リッチ」という言葉を私は菊池さんの話ではじめて知った。「立地審査」の略で、同意書の一種だという。つまり、飛び込み営業で訪問した地主から、建築費などの見積もりをさせてほしいと同意をもらう。この同意書をひとつ取れば「立地一件」となる。

立地審査の獲得は簡単ではない。しかし「できない」ではすまされない。

営業担当社員がいかに大きな重圧を受けているか、菊池さんが言う。

「営業は半年間契約が取れなければクビになります。[※4] 契約見込み客のあてがなければ、朝から夜遅くまで民家を訪ね歩く『終日飛び込み』という営業をさせられる。とても苦痛です。だからみんな必死です。『どうなんだ』と上司に言われれば、『やります』と言うしかない。できるかどうかわからなくても、『リッチ△件やります』と言うしかないんです」

怒鳴りつけられるのは建築営業のヒラ社員だけではない。月に一、二度は部長クラスの幹部が見回りにくる。そういうときは課長も容赦なく叱責された。

「実績表を示しながら、『これどうなっているんだ！』と部長が課長を怒鳴る。お客さんが来店していてもかまわず大声出していましたね」

ミーティングで殴り合う社員

菊池さんによれば、ミーティング中に社員同士が殴り合うこともあったという。

「何年か前のことですが、朝のミーティングで営業社員同士が激しい口論になって、一人が相手の頭をこぶしで殴ったんです。殴られた方もやり返そうとした。周りにいた社員が止めました。殴り合いを見たのはこのときだけではありません」

部外の者が口を出せる空気ではなかったという。火の粉がかかってこないよう菊池さんは首をすくめて机に向かった。

「大東建託では建築営業が一番エライという空気があるんです。支店長も、建築営業課長から昇進する。仕事は建築営業を柱にして回っています。だから、こっちが電話中でうるさく感じても『静かにしてくれ』なんてとても言えません」

〈――亡くなった山坂さんも、こんな殺伐とした職場にいたのだろうか〉

社員が殴り合う場面を想像しながら、私は暗い気持ちになった。

「生き地獄」の管理者養成学校

「大東建託の建築営業社員というのは個人商店みたいなものなんです」

そう話すのは、某支店の現役建築営業社員である井上昇一さん（仮名、四〇歳代）だ。やはり藤枝支店に関する記事がきっかけで連絡をくれた。心が痛んで、居てもたってもいられなかったという。

井上さんが続ける。

「契約を取って工事をやったら歩合がつくけど、取れなければそれもない。しかも契約が取れないままだと会社を辞めなければならなくなる。だから客の取り合いになる。極端な話、九州の社員が東京で客の契約を取ってもいいわけですよ。ほかの社員が話を進めていたお客さんを別の社員が横取りすることもある。ですから『ほかの社員が来てもダメだと断って』と客に釘を刺す人もいます」

これではギスギスするのは当然だろう。同僚であっても商売ガタキなのだ。井上さんの職場も、じっさいの殴り合いこそなかったものの、そうなってもおかしくない張り詰めた空気だったという。

辞める社員は後を絶たない。契約が取れなくて辞めさせられる者もいれば、見切りをつけて自分で去る者もいる。井上さんが知るだけで過去五年で五〇人ほどが会社を去った。朝出勤して夜にはもう姿がなかった例もある。

「『数字が人格』という言葉が大東建託にはあります。数字がすべて、数字が取れない営業マンは人にあらずという意味です。軍隊のような会社ですよ」

その「軍隊式」の社員教育を支えるシステムが「管理者養成学校」なのだと井上さんは話す。静岡県富士宮市にある民間の社員教育施設のことだ。課長や支店長などの管理職に昇任すると、ほぼ例外なくここに送り込まれて二週間ほどの合宿研修を受ける。

「私も行くはずだったんですが…」

井上さんが少しうれしそうな顔をした。

「直前になってヒラに降格されてしまって、それで幸い行かずにすみました。でも経験者の話はよく聞いています」

経験者の話とはこうだ。

「夜に何十キロも行進をする、街頭に立って大声で歌を歌う――などの課題があって、合格しないと帰らせてもらえない。立木に向かって『すいません』と一〇〇回言え、なんてのもあるそうです。お前はダメな人間なんだという心理にさせて徹底的にたたき直す。プライドをずたずたにして、そこから這い上がってこいという感じですね。人格否定。教官の言うとおりにやらないと卒業できません。『生き地獄だ』とある課長は言ってました」

すでに合宿研修を受けた課長らも、成績不良者の烙印を押されると「三日コース」などの短期で再び「送られる」。

「養成学校行きが決まった課長は、たいてい『うわー召集令状きちゃったよ』という感じで嘆きます。誰も行きたくない場所です」

こうした人格否定教育を管理職に施せば、職場にいじめが発生するのは必然だろう。井上さんは、ある課長が上司の部長から罵倒され続けるのを間近に目撃した。課長はうつ病になり、会社を休んで入院したという。

藤枝支店の社員が自殺したことに井上さんは大きな衝撃を受けた。この会社のひどさを肌身で知っていたからである。

「死ななくてもよかったのに…同じ営業職として亡くなった社員の気持ちはわかります。会社の誠実さのなさにも腹が立ちます。もっときちっと、ご遺族のためにできるだけのことをしてあげるべきじゃないでしょうか」

そう言い残すと、井上さんは時間を気にしながら仕事に戻った。

＊〔二〇一〇年七月一七日「マイニュースジャパン」掲載記事に加筆・修正〕

※１　民事訴訟は二〇一一年一〇月、大東建託が遺族に三五〇〇万円の和解金を支払うという内容の和解が成立、遺族側の実質的な全面勝訴で決着した。

※２　二〇一一年、多田勝美氏は全株式を売却し、代表取締役会長を退任する。二〇一七年三月期の大株主は、日本マスタートラスト信託銀行（三・三八二％）、日本トラスティ・サービス信託銀行（三・三五二％）など。

※３　二〇一七年三月期の売上高は前年一％増の一兆四九七一億四〇〇万円、経常利益は一二四〇億九〇〇万円。

※４　給料カットや厳しい指導などで退職せざるを得ない状況に追い込まれる例が多数報告されている。

第3章　欠陥建築の尻ぬぐいで過労死寸前

大東建託の子会社で働いていた山口勝彦さん（四七歳）と知り合ったのは、二〇一〇年の春のことだ。微笑をたたえた穏やかな表情で、山口さんは言った。「大東建託グループで大変なのは建築営業だと言われますが、じつは営業だけじゃありません。私がやっていた管理業務もひどいんです。もしあと二週間会社に居続けたら、私は自殺してこの世にいないかもしれません」。以下は、壮絶というほかない山口さんの体験談である。

朦朧《もうろう》としたまま出勤する毎日

山口さんは一九九七年に大東建託に入社した後、すぐにグループ企業の大東建物管理株式会社に出向した。大東建物管理（現・大東建託パートナーズ）は、大東建託の「管理課」が分社化した一〇〇％出資の子会社だ。大東建託が建てた賃貸アパートなどの管理業務を担う。山口さんがいたのはつくば営業所（茨城県つくば市）で、家賃の回収や入退去の手続き、建物の不具合や騒音などの苦情に対応する仕事をやってきた。

そこでの異常な長時間労働ぶりは、妻の日記に証拠が残っている。退職直前にあたる二〇〇八年四月ごろの頁をみてみよう。

〔平成二〇年四月〕

・八日（火）夕べ深夜一時帰宅だって。
・九日（水）二二時一五分　まだ。
・一〇日（木）夕べ深夜一時だって。
・一三日（日）出勤
・一六日（水）夕べ深夜四時だって。
・一八日（金）夕べ深夜零時で…

パソコンの起動時間や終了時間の記録などを基に会社が認めただけでも、当時の残業時間は月に一〇〇時間を超す。大半はサービス残業だったという。休日もほとんどない。

「土日も出勤します。帰宅は毎日明け方です。車で帰宅するときなど、どこをどう通ったか覚えていないほど疲れて…。朦朧としたまま朝になって、シャワー浴びて、もう精神力だけで会社へ行ってい

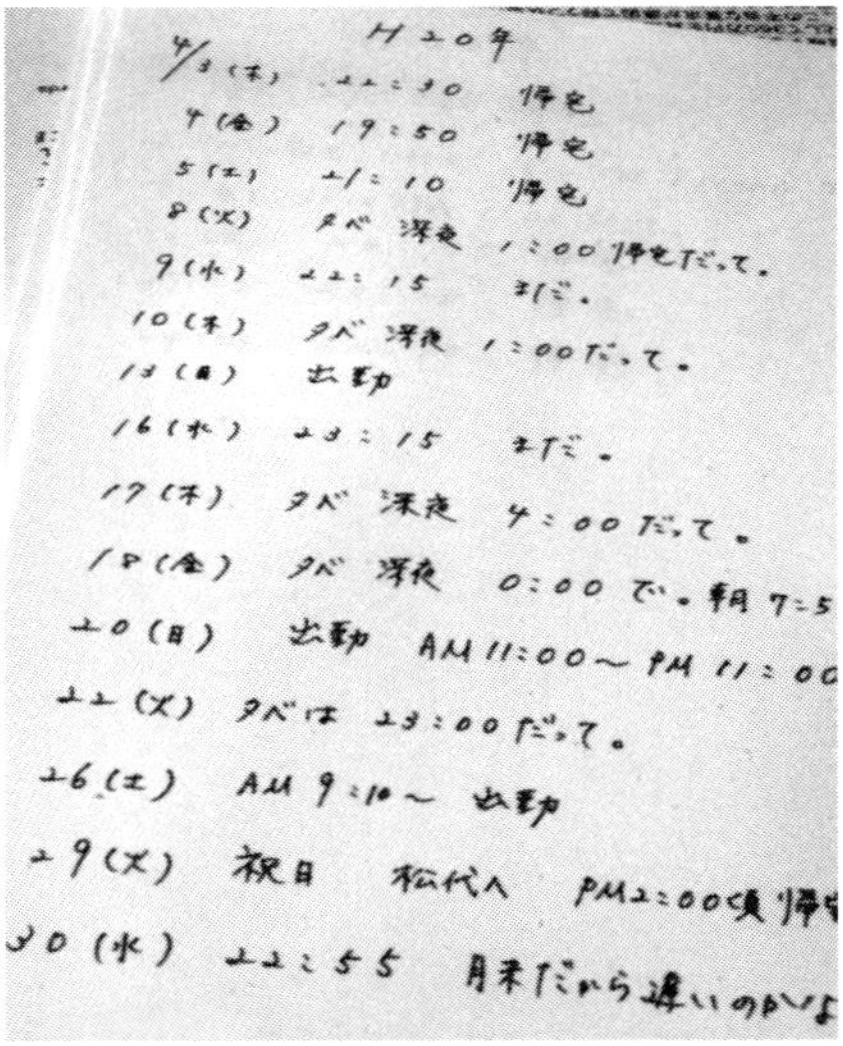

激務ぶりを記した日記

るという調子でした」

山口さんが言う。これでは病気にならないほうが不思議である。やがて体に変調をきたす。「死ねば楽になる」といった考えにとらわれはじめた。希死念慮と呼ばれるうつ病の症状だ。自殺の危機が迫っていることを本人も感じていた。

そんな危険な状態にあった山口さんを救ったのは、二〇〇八年六月のある夜の出来事だったという。

「午後一〇時ごろだったと思います。営業所には、所長と課長、私の三人が残っていました。クタクタに疲れた体でいつものように仕事をやっていたら、課長が怒鳴りはじめたんです。『(仕事の)スピードが遅い!』。〇〇はどうなっているんだ!××の件はどうなんだ!』って。言うだけ言うと帰っていった。所長も退社して私ひとりになりました」

このとき、山口さんの中で何かがふっきれた。

「ああ…もういいや、という気持ちになって。しばらく机に突っ伏していました。動けなくなってしまったんです。何のために働いているんだろうとか考えていました。そして、もう明日から会社に行かない、そう決めたんです」

営業所に鍵をかけて退社したのは明け方だった。帰宅したとたん布団に倒れこんだ。じきに太陽がのぼり明るくなった。上司が出勤してくる時間を見はからって会社に電話をかけ、こう伝えた。

「もう限界です。会社に行けません――」

入社一〇年目にしてはじめて有給休暇を使った。そしてそのまま退職した。休んでいるうちに少し楽になった。医師にかかって治療を受け、どうにか危機を脱した。

雨漏りのクレームが急増

山口さんによれば、入社した最初から激務だったわけではない。当初の三年ほどの間は「楽な職場だ」と感じていた。状況が一変したのは二〇〇〇年ごろからだという。

「入居者のクレームが急に増えてきました。隣がうるさいといったのは以前からあったんですが、雨漏りをはじめとする建物の不具合の苦情が頻発するようになりました」

二〇〇〇年ごろとは、ちょうど大東建託がアパート建設を急増させはじめた時期にあたる。苦情の増加は明らかに「増産」の結果だった。山口さんの職場の空気は一変し、にわかに慌ただしくなる。

「雨が漏っている。なんとかしてほしい」

入居者からそんな電話が会社に入る。山口さんは車で現場に行き、まずは話を聞く。それから解決を試みる。カッパを着てはしごで屋根にのぼって調べ、バケツやタオル、シートなどで応急措置をする。そこでいったん引き揚げる。程度が軽ければ後日出直して、コーキング剤を詰めるなどして自分で修理する。無理なら家主《オーナー》に連絡して業者に修理工事を発注する。修理代は基本的に家主の負担だ。家主は当然渋い顔をする。納得してくれないことも多い。それでも辛抱強く交渉しなければならなかった。

山口さんが担当するアパートは遠方が多かった。これも多忙の原因となった。車で片道一時間以上かかることはざらだ。移動に時間を食われ、一件の雨漏りに対応するだけで軽く半日がつぶれた。雨漏りの原因で多いのは「内樋」の不具合だ。外から見えないよう雨樋を外壁の内側に取り付ける特殊な工法で、見栄えは良いが大雨に弱い。しばしば樋からあふれた水が壁の内側に入り、部屋を濡らしてしまう。

このほか、屋根自体から雨が漏ることもあった。調べてみると、鱗《うろこ》状に敷き詰めた屋根材の間に隙間があったり、屋根材の下の防水シートにクギ穴が開いていていた。

雨漏りというのは普通は上から漏るものだが、床下から水が湧いてきたという苦情も経験した。屋根の隙間から漏れた雨水が壁を伝って一階の床下にたまり、床上浸水を引き起こしたのだ。大雨のときだった。

また、水道の漏水や、台所の排水管から汚水が漏れたという苦情がくることもあった。流し台の床板が水に濡れて傷んでいるのを何度も目にしたと山口さんは言う。

もちろん、「水関係」以外の苦情も多々ある。

・玄関の木製ドアが開かなくなる。
・床板が沈む。
・壁がぐらつく。
・基礎コンクリートにひびが入った。
・駐車場のアスファルト舗装がデコボコになった。

そんな不具合にも対応した。苦情が来るのは一定の年数が経って古くなった建物だけではない。新しい物件でも問題が起きた。対応に追われながら山口さんは疑問を抱く。

「経年劣化だろうとはじめは思っていました。しかし、どうも違う。それだけだろうか。施工不良、あるいは構造上の問題ではないか…」

「手抜き工事だ」と激怒する大家

じっさい、家主からはよくこう言われたという。

「手抜き工事じゃないか。会社負担で修繕工事をすべきだろう」

もっともだと思う例は少なくなかった。床の沈みの原因を調べてみると、束《つか》（支柱）の底に基礎石がなかった。ブロック塀のぐらつきは、あるべき鉄筋が入っていないせいだった。天井裏から産業廃棄物が見つかったこともある。

手抜き工事や施工不良が明白な場合は、修理費を会社が負担するように山口さんは社内手続きをした。家主にしてみれば当然だが、社員の事務作業は煩雑で面倒だった。

まず工費支出の申請書類を作って会社に提出する。支出が認められると、次は修理業者と費用の交渉をやる。工事費が決まると工事計画の立案をする。入居者の退去を待って工事をするので、計画づくりは簡単ではない。工事がはじまれば現場の立会いをやる。いったん大東建託に不信を抱いた家主の目は厳しい。ほかに仕事を抱えていてもなかなか現場を離れさせてくれなかった。

こんな調子で修理工事に追われているさなかにも、新規の苦情が次々に入ってくる。

——換気扇が壊れた。

——トイレの水が止まらない。

——自分の駐車場に別の人が停めている。

「クレームは会社を通じて携帯電話に入ってきます。苦情受付はコールセンターで二四時間対応ですから、いつかかってくるかわかりません。電話が鳴ると不安な気持ちになったものです。入居者からなのか、オーナーからか、雨漏りだろうか…」

連絡を受けると、時間をやりくりしてできるだけ早く駆けつける。職場の同僚たちは全員苦情対応に忙殺されている。応援を求める余裕はない。

それでも忙しいだけならまだマシだった。何を言われてもニコニコして応じなければならないという苦情処理係の辛さが疲労を倍増させた。

「怒ってはダメなんです。もっとこじれてしまいますから。ストレスがたまります。うつ病になった社員は私の他にもいます。上司がいる間だけ職場に来ない人、失踪した人もいます」

「営業社員にだまされた」

家主からそんな恨み言をしばしば聞かされた。相続税が安くなる、安定した収入になる、といった甘言を信用して何千万円もの借金をして賃貸アパートやマンションを建てたものの、雨漏れなどの不具合が出てきた。修理費用も負担させられるとすれば、いらだちは当然だ。「お客様」のやり場のない不満を受け止めるのが仕事だと、山口さんは何を言われても耐えた。

ボーナス査定に響く家賃回収実績

早朝から深夜まで苦情の対応に走り回る一方で、滞納した家賃の回収もやらなければならなかった。山口さんが説明する。

「家賃の引き落としは前月の月末です。月が替わると、引き落としができなかった人の『遅れ家賃リスト』が出てきます。私の受け持ち分でいうと毎月五〇人くらいいました。その人たちに電話をかけたり、電話に出ない人は直接訪問するなどして入金をお願いする。月末までにすべて回収しなければなりません。できなければボーナスの査定に響きます」

分割払いを求める人もいれば「集金に来て欲しい」という人もいる。それぞれ相談に乗りながら払ってもらう。しかしどうやっても毎月一〇人くらいは滞納者が残る。ここからが大変だった。

「親や兄弟に借りて払ってくれる場合はまだいい。リストラで仕事がなくなってしまい、払う金が本当にないケースもある。商売やっていて自転車操業になっているようなところも厳しかったですね。美容室やラーメン店、学習塾…」

どうしても払えなければ退去となる。しかし、退去しようにも原状回復の費用や引っ越しの費用が出せず、退去できない例がしばしばあった。それでも滞納が続くと出て行ってもらう。家賃の請求や退去の交渉をするのは気が重かった。

「営繕契約」も気乗りのしない仕事だった。一定年数を経過した建物には修繕工事を施す必要がある。その工事を受注する仕事だが、「目標」と称するノルマがあった。「目標」は社員一人あたり月間一〇〇万円だ。年間にすると一二〇〇万円。それだけの営繕工事の契約を家主《オーナー》から獲得してこいというのが会社の要求だった。

修理工事をやりたがる家主がいるはずがない。家主の立場を考えて、山口さんは必要のない工事は勧めなかった。結果として、ときどき目標を下回ることになり、ボーナスの査定に響いた。

かたや、やたらと修理を勧めたがる社員が現れた。

「経年劣化という理由で、定期塗装のついでに雨樋や屋根の修理工事の契約を取っていた社員がいました。問題だなと感じていました。本当に劣化だったのかどうか…。施工に問題があり、会社が負担すべき工事だった可能性もありますからね」

換気扇代やエアコン修理代を肩代わり

顧客の身になって仕事をすれば損をする。この大東建託の体質をよく現しているのが、山口さんが退職時に会社と交わした覚書だ。約五七万円を退職金から天引きする旨が書かれている。換気扇の交換やエアコンの修理などの費用だという。山口さんの説明はこうだ。

「換気扇が壊れたとか、エアコンが壊れたといったクレームが入居者からきますよね。すぐに業者に連絡して修理してもらう。でないと入居者が困りますから。費用は会社が払いますが、本来なら後で家主に請求する。でも、そのためには家主のところに行って契約書に署名と捺印をもらってこなきゃいけない。その作業が大変で、やりきれなかった結果なんです…」

修理一件の金額は、一般的に一～二万円ほどのものが多い。高額ではない。家主の住まいが近ければよいが、先述したとおり車で片道一時間以上もかかるところばかりだ。契約書に署名・捺印をもらいそびれたまま積もった修理代が数十件五七万円となった。手続きがなされていないのをいいことに、会社は家主に請求すべき経費を社員に付け回したというわけだ。

「契約書ひとつ書いてもらうだけでゆうに半日がつぶれる。それをやる時間がなかったし、体がボロボロでそんな体力も気力もありませんでした」

　露骨な社員の使い捨てに納得できなかった山口さんは、反撃する決心をした。二〇〇八年一二月、激務が原因でうつ病を発症したとして労災認定を求める訴えを土浦労働基準監督署に起こす。サービス残業が横行している実態も告発した。この毅然とした行動が功を奏し、一〇ヵ月後の二〇〇九年一〇月、大東建託は未払い残業代だとする金銭を一方的に払い込んできた。しかし説明や謝罪はなく、払われた金額も要求した額に到底及ばなかった。[※1]

「あまりにも誠意がないではないか」

　憤りを覚えた山口さんは、不足分の未払い賃金と慰謝料の支払いを求めて民事訴訟を起こした。その胸中をこう語る。

「社員はこき使われ、家主《オーナー》さんが買った建物は問題だらけ。いい思いをしているのは長者番付に名を連ねるほど稼いだ多田会長だけじゃないでしょうか。『一括借り上げ』という家賃保証を切られるのが怖くて声を上げられないんだと思いますが、泣いている大家さんは多いはずです。社員や家主、入居者に対して、創業者の多田勝美会長は謝るべきです[※2]」

■施工不良の具体例（ある民事調停で大東建託側が認めた問題点）

・雨漏り。屋根立ち上がり部の笠木板金、立ち上がり板金納まり不良
・内部雨漏れでプラスターボードが汚れている
・腰コンクリートブロックのクラック（割れ）
・事務所の巾木《はばき》が合板になっている（設計と異なる）
・階段レベル納まり悪い
・2階廊下の排水溝の勾配不良
・2階廊下クラック
・水切り下端モルタル仕上げが不良
・鉄骨部及びボルトのタッチアップ（腐食防止の塗装）がされていない
・給水管の吊りバンドがない
・吊戸棚内配線がむき出しになっている
・床レベル不陸（水平になっていない）
・和室襖の取手が傾いて取り付けられている
・屋根材（コロニアル）の数が足りていない。屋根材が割れている

・棟おさえ板金材の浮き
・軒先の歪み
・外壁材のひび割れ
・外部中階段の踊り場に雨漏れあり。鉄骨に錆が発生
・和洋室に換気レジスターがない
・壁巾木の一部に下地がない（壁の裏側に骨材が入っていない）
・駐車場の汚水枡《おすいます》の蓋《ふた》が、設計では鉄製なのに樹脂製を使用
・台所床にきしみや沈む箇所あり
・壁がはらんでいる（ふくらんでいる）

＊〔二〇一〇年三月二四日「マイニュースジャパン」掲載記事に加筆・修正〕

※1　山口さんが申請した労災はその後認められた。民事訴訟も大東建託が事実上の慰謝料を支払う内容で和解した。

※2　二〇一〇年の時点で、大東建託のアパートは全国に六万棟以上、戸数は約六〇万。二〇一七年でみると、同社が設計・施工した建物は、累計で約一七万棟、管理戸数は一〇〇万戸以上。

第4章　転落したトップセールスマン

社員をとことんこきつかったあげくに不要になったら容赦なくクビにする。大東建託グループの人づかいの荒さを目の当たりにした私は、じつはクビになるだけならまだマシなほうで、一歩誤ると刑務所に行きかねない「危険な」職場であることを知った。詐欺などの罪で逮捕・起訴された元所沢支店建築営業課社員の男性に話を聞いた。

事件の概要についてあらかじめ説明しておきたい。

池田真一さん（仮名、三九歳）は所沢支店（埼玉県所沢市）の営業社員として好成績を挙げていたが、実は、契約金などを立て替えるうちに借金がかさみ、ヤミ金融の返済に苦しんでいた。二〇一二年一〇月、上司の免許証を使って銀行のカードローンを申し込もうとしたところ、なりすましが発覚して警察に逮捕される。これがきっかけで「建て替え促進キャンペーン」制度の不正が問題化、架空の「退去費用」名目で一六五〇万円をだまし取ったとして大東建託から詐欺罪で告訴される。不正はアパートの着工に必要な経費を捻出するためで、支店では当たり前のようにやられていたが、情状は認められず懲役三年の実刑判決を受けた。以下のインタビューは判決直前に行ったものである。

ヤミ金の返済に苦しんで

――上司の免許証を使って銀行のカードローンを作ろうとした。そこで現行犯逮捕されたのがきっかけですね。なぜそんなことをしたのですか。

池田　ヤミ金に借金があって、返済資金がなかったんです。で、上司の免許証を使って…。契約取って完工すれば何百万円というインセンティブ（歩合給）がもらえるので、そんなに罪悪感はありませんでした。逮捕については、たぶん上司も「たいしたことじゃない」と考えていたんじゃないでしょうか。それほど金銭感覚が麻痺していたんです。

――ところが逮捕がきっかけで「一六五〇万円を会社からだまし取った」という話に発展する。順を追って聞かせていただけますか。

池田　ある地主《オーナー》さんとアパートを建設する契約を結び、話を進めていたんです。廃業した鉄工所の建物を取り壊して、二棟二〇戸の賃貸アパートを建てるという計画です。総事業費二億円弱くらいの契約でした。ところが、その地主さんが癌で亡くなってしまった。そしたら奥さんは「もうアパートはやりたくない」と言い出したんです。

――死亡した場合、契約はどうなるんですか？

池田　亡くなった場合は契約解消です。私は解消してもよかったんです。でも上司は「なんとか着工できないか」と言ってきた。解約すると支店の成績が下がるので、会議で叱られたり大変なんですね。自分たちの収入が減るというのもあります。

――それでどうなった。

池田　亡くなった地主の知人で「アパート経営をやりたい」という人が現れた。Bさんです。そこで、Bさんに土地を売り、Bさんを施主としてアパートを建てる話になった。[※1] ところが、Bさんは手持ちの資金がまったくなかった。

――土地の値段はいくらだったんですか。

池田　一六五〇万円です。銀行で借りられないか相談したんですが、断られました。

――土地を所有していない人がアパートを建てることはできるんですか。

池田　無理です。土地を持っているのが前提ですから。

――土地を買うお金がなければ契約は無理ということですね。それでどうしたんですか。

池田　そこで「退去費用」名目で大東建託から費用を出させて、それを土地代にあてることを考えついたんです。

――「退去費用」というのは古い建物に入居している人の引越し費用とかいった経費ですね。実際に必要なものだったんですか。

池田　いいえ、鉄工所は廃業していたので必要ありません。

――架空の「退去費用」の手続きをして本社に払わせた。それが一六五〇万円。

池田　はい。

――土地の購入代にするつもりだったんですね。ところがヤミ金の支払いに使ってしまったと。

池田　そうです。

――Bさんが土地を購入する代金はどうするつもりだったんですか。

池田　いくつか完工予定のものがあったので、そのときに入る歩合給をあてるつもりでした。一月には一〇〇〇万円くらい入る予定でした。税金の関係で土地の購入は年が明けてからのほうが得だということでBさんとも話がついていました。だから、だますつもりはなかったんです。ところが、カードローンの件で逮捕されて見込みが狂ってしまった。

――一月に入る歩合給をBさんの土地購入代にまわし、土地を購入してからアパートを建てる契約を結ぶ。二億円弱の工事ですから、完工すれば四〇〇〇万円ほどの歩合給が入る。

池田　そうです。それが、逮捕されてしまったのでBさんと連絡できなくなった。Bさんは「池田と連絡がつかない」と本社に電話をした。本社は事情を知りませんから「なんだ?」となる。それで問題が発覚したというわけです。

支店では当たり前だった「テンプラ契約」

――実在しない「退去費用」を会社から出させるというのは不正ですか。

池田　もちろんそうです。でも、支店では当たり前のようにやっていました。支店長も知っていたことです。お客さんも工事費が安くなるので喜びます。安くなれば契約も取りやすい。

――じゃ、そのまま「退去費用」として出た一六五〇万円をBさんに渡していれば問題が発覚することはなかった。

池田　はい。

――ところがヤミ金に払い、さらに逮捕されたために問題が明るみになったんですね。なぜヤミ金で借りるようになったんですか。成績優秀だったそうですが。

池田　架空契約なんかで費用を立て替えるうちに資金不足になったんです。

――どういうことですか。

池田　支店の数字を上げるために架空契約をするのは、大東建託ではよくあることなんです。「テンプラを挙げる」と言います。親しいオーナーに頼んで、本当は建てる気がないのに契約書だけつくってもらう。それを支店の成績として報告するわけです。契約したあとは、いろいろ口実をつけて作業を進めさせないでおいて、ころあいをみて解約するんです。「頼むから契約取ってきてくれ」と上司に頼まれてやっていました。この架空契約をする際、受注金などを立て替える必要があって、それがヤミ金に借りるきっかけとなりました。

――会社の仕事のために金を立て替えるんですか？

池田　順調なときなら歩合給が入ってきて金が回せるんです。少々持ち出しても痛くはありません。今回の一六五〇万円も歩合で払うつもりだったんです。今年一月から再来年にかけて数千万円入る予定でしたから。全部完工したとしてですが。会社を辞めてフイになってしまいました。※2

――ヤミ金にはどのくらい払ったんですか？

池田　もうわかりません。何千万円という金額です。すごく親切でしたよ。

――そりゃ喜んだでしょうね。ところで今回の事件で警察はヤミ金の捜査はしなかった？

池田　それはまったくありません。

――ヤミ金も犯罪なのにおかしいですね。結局、Bさんのアパートはどうなったんですか。

池田　着工したと聞いています。土地購入代の一六五〇万円は会社が出したらしいです。

――土地代が工面できなければ契約はないのだから、大東建託は首尾よくアパートを建てて利益を得たと。

池田　そういうことになりますね。

成績優秀で表彰されたことも

——どういういきさつで大東建託に入ったんですか。

池田　入社したのは七年前です。もともと飲料水会社の営業部門で働いていました。大東建託は求人で知り、高収入に惹かれて転職したんです。午前七時から夜の一一時まで働き通しでした。その代わり収入もよかったです。成績はよかったですから。平均すれば年間二〇〇〇万円くらいありました。いまは金はありませんが。

——どんな暮らしぶりだった？

池田　金は妻にほとんど入れて、自分のこづかいは五万円でした。歩合の一部でやりくりしていました。その妻とも離婚しました。

——そうですか…営業のコツはあるんですか。

池田　ええ。地主《オーナー》さんのところに行ったときに、仕事の話をあまりしないようにしていました。普通に世間話をして帰ってくるんです。そのうちに向こうからアパート建てたいといった話がくる。こっちから話をしないことです。

——営業に向いていたんですね。

池田　でも、いまは「本当は向いていないんだ」と思っています。

——なぜ？

池田　不正を働くことになってしまったから。断ればいいのに断ることができなかった。だから向いていないと思う。

——成績を挙げていたころは会社はほめてくれたんでしょう？

池田　はい。営業成績が全国で一位になって社長から表彰されたこともあります。品川プリンスホテルで三鍋伊佐雄社長（当時）と酒飲んで、「がんばったね」とほめてもらいました。年間で五億円くらい契約あげていました。四〇〇〇人弱いる社員のなかで一位です。これまでに四〇億円くらい売り上げてきました。社員向けに講習をしたこともあります。

——会社の売り上げに貢献した優秀な社員が、最後は犯罪者として追われた。振り返ってどう思いますか。

池田　お金は怖い。金銭感覚が麻痺していました。ただ、会社の犠牲にされたという部分もあったと思う。

——もう一度同じ仕事をしろと言われたらどうしますか。

池田　もうやりたくありません。

社内調査の結果は…

一社員の問題というよりも、会社のコンプライアンスのありかたを強く疑わせる事件だった。「会社として事件をどう受け止めているのか」と、私は大東建託に質問をした。まもなく返ってきたのは次の回答である。

〈当社は、上場会社として求められるコンプライアンス、ならびに社会的責任の観点から、当社元従業員が行った行為を看過することはできない、と考えております。そのため、社内で調査を実施するほか、池田氏が行った行為について、被害届を提出し、捜査当局による捜査を受け入れ、捜査に協力することによって、その動機・背景を含む実態の解明をすることが重要であると思慮いたし、対応しております〉

「動機・背景を含む実態の解明をすることが重要」という認識は正しいが、違和感を禁じ得なかった。藤枝支店の事件のときと同様に（第1、2章参照）、やはりどこか他人ごとなのだ。顧客に対して、社会に対して陳謝するという姿勢がまったくみられない。

実刑が言い渡された一審判決の後、「人生をやり直すチャンスはありますよ」と私は池田さんに声をかけた。手錠腰縄をつけられながら、池田さんはにこりとうなずき、法廷の向こうに連れ去られた。このとき私の脳裏に浮かんだのは、黒澤明監督の古い映画のタイトルだった。

――「悪い奴ほどよく眠る」。

＊〔二〇一三年四月二五日「マイニュースジャパン」掲載記事に加筆・修正〕

※1　新規購入した土地にアパートを建築する手法は「ランドセット」と呼ばれる。トラブルの原因になりやすい。

※2　退職したり降格になれば歩合給の支給はしないという社内規定があったが、労働賃金であり不支給は違法だとして元支店長が訴訟を起こしたのをきっかけに、一部を払うよう改正された。

第5章　埼玉支店　不正で大量解雇も隠蔽

詐欺罪などで実刑判決を受けた所沢支店元社員の事件を「マイニュースジャパン」（第4章参照）で報じたところ、すぐに同じ支店の元社員という男性から連絡があった。「埼玉の支店で大量解雇がなされたんです」と男性は言った。私は大東建託のホームページを確かめてみたが、それらしい発表はない。事情がわからないまま、私はこの元社員に会うことにした。

「建て替え促進キャンペーン」

折からの春嵐で猛烈な土ぼこりが舞うなか、所沢の駅前喫茶店に井波光さん（仮名）は整ったスーツ姿で現れた。そして、挨拶もそこそこにこう打ち明けた。

「私は昨年（二〇一二年）一二月にクビになりました。所沢支店で一四人、埼玉中央支店でも七人が解雇になっています。不正をしたというのが理由です」

井波さんを含む二一人が一斉に解雇されたという。一大事件だと私は身を乗り出した。

いきさつを井波さんが説明する。

「問題になったのは『建て替え促進キャンペーン』という割り引き制度をめぐる不正でした。大東建託はもともと値引きをいっさいやりません。それが急に値引きをはじめたのがこれです。古い賃貸アパートや借家、貸し駐車場などを対象に、取り壊しの費用や退去費用を会社で負担する。割り引きの上限は契約金額の六％～八％。契約金額が一億円なら六〇〇万円～八〇〇万円、五〇〇〇万円なら三〇〇万円～四〇〇万円。その範囲であれば経費を大東建託が負担するというサービスです」

割り引きされて建築費が安くなれば施主はうれしい。営業マンは売りやすくなる。井波さんら支店の営業社員たちはこのキャンペーンを使って契約獲得に励んだ。そして、いつしか「不正」が横行するようになったという。架空の「退去費用」を会社に請求するという不正である。

「たとえば、キャンペーンで会社に請求できる費用に『工事中の家賃保証』というのがあります。古いアパートを建て替える際、退去してもらう入居者の家賃を家主に代わって大東建託が負担するサービスです。これを使って、たとえば、本当は六戸中二世帯しか入居がないのに六戸分すべての費用を会社に出させる。社員の判断でやることもあれば、お客さんから頼まれることもありました」

また、実際は何もない更地なのに、あたかも入居者のいるアパートが建っているように装って「退去費用」を得ることもあったという。

「ただの畑なのにアパートが建っていることにしてしまう。賃貸借契約書を偽造して、入居者の家賃

「キャンペーン」の不正が行われたアパート建築現場

相当分を会社に請求する。たしかに不正ですが、お客さんは建築費が安くなって喜ぶ。みんなやっていたことです」

結果、所沢支店は全国で一～二位を誇る好業績を叩き出す。「不正」という感覚は薄く、ましてや解雇されるような問題になるとは想像もしていなかったという。

一斉解雇の衝撃

成績最優秀だった所沢支店に動揺が走ったのは二〇一二年の秋のことだった。

「同僚社員が上司の免許を使って不正にカードローンを契約しようとして逮捕されました。これが始まりです。もっとも当時は、うちの支店としては大きな出来事とは受け止めていませんでした。しかし、その直後、となりの埼玉中央支店（さいたま市）に本社の特別監査が入ったんです。『建て替え促進キャンペーン』の件でした。キャンペーンの悪用は誰もがやっていたことですから、せいぜい降格か減給だろうと思っていました。そうしたら埼玉中央支店は七人が解雇です。私たち所沢支店の者はみんな驚きました。これはやばいぞと…」

危惧したとおり、ほどなくして所沢支店にも本社の特別監査が入る。建築営業課の社員らはまるで犯罪者のような扱いで「取り調べ」を受けた。

「本社から来た監査の人間に何時間も事情聴取されました。支店から本社に出した申請書類を持ってきていて、『これ（署名）あなたの字じゃないのか』と問い詰められました。署名はお客さんにもらったものだ、自分は関与していない。そう言ってシラを切りとおしました。でも結局クビです。契約実績のない新人社員を除いて一四人全員がクビになりました。支店長もクビです」

確かに不正だが、解雇するような問題なのか。井波さんらクビになった社員たちは納得することができない。

「そもそも『建て替え促進キャンペーン』は契約を取るための制度です。渋るお客さんに『退去費用出しますから』と言って契約してもらう。契約が取れないと会社に居られなくなるからみんな必死です。それで支店長ぐるみで架空の『退去費用』で割り引きをやった。結果、契約は取れて会社は利益を上げた。なのにクビというのはおかしい」

所沢支店のクビになった一四人のなかには、入社わずか八ヵ月の新人社員もいた。彼の場合は特に理不尽だと井波さんは同情する。上司の指示で「不正」をやっただけだったからだ。しかも三本の契約を取っていて、近く着工する予定だった。何百万円もの歩合給が解雇でフイになった。「なぜ上司の言うとおりやってクビにならなきゃいけないのか」と抗議したが、会社側に聞く耳はなかったという。

全国的な監査はせず？

「不正に厳しく対処した」という見方もできる。しかし井波さんによれば、一方で同様の不正が多数見逃されている可能性があるという。

「もし全国の支店すべてを監査すれば大変なことになるのは間違いない。同じような不正だらけでしょうから。しかし全国の支店を調べたという話は聞いていません。あえて調べなかったんじゃないでしょうか。今回の件で解雇されたのは支店の人間ばかりです。本社で決済した者はまったく処分されていない。トカゲの尻尾切りですよ」

退去費用の不正よりも「テンプラ契約」のほうがはるかに問題だと井波さんは言う。テンプラ契約とは架空契約のことである。アパートを建てる気がない地主《オーナー》にお願いして形だけの偽装契約をしてもらう。社員はそれを成績として報告する。全国でこれを調べれば相当な数が出てくるはずだ。

「じつは…」

井波さんがまたひとつ内部事情を打ち明ける。

「昨年（二〇一二年）の一月、専務がテレビ会議で指示を出したんです。『着工のめどがつかないような悪い契約は精査して、支店長判断で見極めろ。ダメなものは解約しろ』と。融資がつかないなどの理由で着工できない契約のことです。保留契約とかB契約とか呼んでいます。このなかに架空契約が相当あるわけです。じっさい所沢支店で調べたらたくさん出てきた。全国のほかの支店からもB契約が大量に上がってきたと聞いていますから、架空契約はたくさんあるはずです」

B契約――つまり塩漬けになっている問題契約が全国で大量に出てきた。これを洗い出して一斉に解約するはずだったのに、事情が急変する。

「解約しようとしたら本社が応じようとしなくなったんです。業績に響くからやりたくなかったんでしょう」

粉飾決算を疑わせる話である。いったい、架空契約などといったことがやすやすとできるものなのか。いぶかしむ私を前に、井波さんが説明する。

「架空契約に協力してもらうのは、いわば大東建託のファンになっている家主《オーナー》さんです。既に契約の実績がある人。信頼してもらうためにいろいろ努力しますよ。奥さんの誕生日や歌の発表会、踊りの発表会には欠かさず花を届ける。ゴルフに行くと言えば玉を買う。お中元やお歳暮など当たり前です。結果、畑に行って、『お父さん大根取りに来たよ』『いいよ』と、そういう関係になる。通帳や印鑑のありかも知っている。へそくりのありかまで知っている。病気になったら飛んでいく。家主も疑わない。すっかり心を許している。一億二億の契約をしている関係ですからね。（営業社員）今月店の数字足らないからハンコください、半年後解約するから／（家主）そうか、しょうがねえなあ――。そんな調子で架空の契約を挙げるわけですよ」

井波さんが続ける。

「テンプラ契約は家主との親密な関係なしにはできません。接待するための費用や架空契約に必要な注文時金三〇万円は社員の自腹です。だから架空契約とは別に、着工できる契約も取って歩合を得る必要がある。そうしなければ〝収支〟が合わなくなってしまいますから」

歩合給は着工―完工してはじめて払われる。だから工事のめどがない契約を取ったところで社員の利益にはならない。それでも無理をして架空契約を取るのは、「業績」を挙げ続けなければ露骨に退職を迫られるからだ。もちろん不当で違法性が高い退職勧奨だが、法的権利を主張して会社に残ろうとすると相当な苦痛を覚悟しなければならないという。

「北陸支店の話ですが…」と井波さんが悲惨な例を紹介した。

「飛び込んで死んでしまえと罵倒された社員が本当に自殺してしまった事件がありました。有名な話です。支店長もブロック会議でしぼられる。六〇〇人の前で『てめえよ！　お前部下の何人面倒見てるんだ。ふざけんなこのやろう』とつるしあげです。この会社にはうつ病やノイローゼの人がいっぱいいます」

一〇〇〇万円の包みを妻と眺めた

実刑判決を受けた所沢支店の同僚のことをどう思うのか。私は最後に尋ねた。

「じつは彼も架空契約をしていたんじゃないか。それで蟻地獄にはまったんじゃないか」

井波さんは言う。

「成績のいい社員でしたよ。でも架空契約が相当あったんじゃないでしょうか。自腹を切って契約を挙げる。歩合給をあてにする。そのうちに金が回らなくなってヤミ金に借りることになってしまったのではないか。歩合給が大きいから金銭感覚が麻痺してくるんです」

大金の怖さは井波さんにも覚えがある。

「入社してすぐのころでした。当時、契約を連続達成すれば歩合給が倍増するキャンペーンがあったんです。それがうまくいって一〇〇〇万円をもらった。子どもが寝たあと、透明のビニール紙に包まれた一〇〇〇万円の札束をテーブルに置き、女房と眺めましたよ。この年は市県民税だけで三〇〇万円おさめました。税金払うときに銀行の奥に呼ばれました。金融商品のパンフレットがいっぱい送られてきました。このときの一〇〇〇万円は借金の返済にあてました。会社入る前につくった借金があったので…。使い道がなくて手元に大金があれば、私もおかしくなっていたかもしれません」

所沢支店と埼玉中央支店の大量解雇について大東建託に質問状を送った。回答はこうだ。

「就業規則に基づき、従業員の社会の公序良俗ならびに職務に違反する行為を戒め、かつ防止するために懲戒処分を行います。ただし、その詳細につきましてはお答えできません」

不正を理由とした大量解雇という最低限の事実すら認めようとしない。「謝らない企業体質」というものを、私はこの大企業に対して強く感じた。

＊〔二〇一三年五月九日「マイニュースジャパン」掲載記事に加筆・修正〕

第2部

家主《オーナー》の夢と現実

毎月家賃が入る、通帳を見ているだけでいい、子や孫に資産を残せる――大東建託の営業文句は耳あたりがいい。しかしこの甘言を信じ、巨額の借金をしてアパートを建てた家主《オーナー》たちの心の中は必ずしも穏やかではない。明らかに不採算の計画を進めさせられそうになった、一〇年を過ぎた途端に家賃を下げられた。そんな立場の家主らが口々に「だまされた」と嘆いた。また、強引な計画に周辺住民らが憤慨しているという話も聞こえてきた。

扉写真：富山市のアパート建築反対運動の現場

第6章

近隣住民を憤慨させた工事強行未遂

二〇一三年五月、富山市で大東建託のアパート計画に近隣住民が強く反対していることを聞きつけた。これまで社員や元社員をめぐる問題はいくつも取材してきた。しかし、近隣住民の反対運動というのは初めてだ。興味を抱いた私は、東京発の夜行バスを手配すると現地に向かった。

静かな農村に突然来た大東社員

雪を抱く立山連峰のふもとに、田植えを終えたばかりの水田が広がる。公共の交通機関といえば、一時間に上下合わせて二便の単線電車しかない。富山市南部の郊外にあるK地区は、のどかな農村風景の一角にあった。世帯数は一〇あまり。その真ん中を、幅四メートルで奥が行き止まりの一本道が貫いている。

二〇一二年一二月のある日、水田の海に浮かぶ小島のようなこの場所に大東建託の名前が入った車が乗り入れられた。その時の様子を、住民の山本良朗さん（仮名、六三歳）が振り返る。

「大東建託富山支店の社員だという中年の男がやってきて、私の家の隣にある空き地に二階建ての賃貸アパートを建てたいという話をしたのです」

空き地とは、長い間更地になっている二〇〇坪ほどの土地で、もとは民家が建っていた。しかし、主が破産して競売になり、現在は兵庫県内の会社が所有している。

そこにアパートを建てるという急な話に山本さんは驚いた。Ｋ地区は近所づきあいの密接な場所だ。誰が住むかわからない賃貸アパートには抵抗感がある。なにより、アパートを建てたところで人が入るような場所には思えない。

社員の説明を聞くうち、山本さんは彼が触れた「農道」のことにひっかかった。空き地の西側に幅二メートルの農道がある。その幅が狭くなるというのだ。

「幅二メートルのうち一メートル九センチが予定地にかかっている。だからアパートを建設した以後は、農道の幅は狭くなって九一センチになると言うんです」（山本さん）

農道の幅が九一センチになってしまえば地域の生活に大きな影響が出る。何よりも切実な問題は除雪だ。冬場は一～二メートルの積雪も珍しくない。わずか九一センチの道幅では雪がかきだせない。また、アパート用地の隣には別人が所有する畑がある。九一センチでは軽トラックが入れない。畑仕事にも支障が出る。

もとより、農道の幅を削ることなど法的にできない、というのが山本さんの理解だった。たしか一

○年ほど前になるが、近くの住民たちと一緒に当時の地権者と協議を行い、こう確認したはずだ。

「農道は幅二メートルを確保する」

そうした経緯や懸念を山本さんは大東建託の社員に伝えた。しかし相手は聞く耳を持たなかったという。山本さんが話す。

「農道を削って九一センチにするんだ、法的にはそうできるんだ。そう言って譲ろうとしませんでした。おかしいなと思いました」

アパート建設に反対する会結成

予定地の前に住む粟野弘さん（仮名、六四歳）は、アパートが建つことで住環境が悪化するのではないかと心配した。

「予定地の北側に幅四メートルの舗装道路があります。この道は行き止まりです。道幅も狭い。そんなところにアパートができれば、道がつかえたり、路上駐車で住民が車を出し入れするのに困ったりとか、いろんな問題が出てくるのは間違いない。住環境が変わってしまう。それに、この道は住民で土地を出し合ってつくった私道です。アパートができれば入居者が利用することになります。自分たちの土地を勝手に使われるのも納得できません」

大東建託のアパート問題はたちまちK地区の一大問題に発展する。環境悪化を懸念する声に加えて、住民の話を聞こうとしない大東建託のやり方にも反発があった。加えて、利益だけを目的とした計画であることも住民感情を刺激した。つまり、施主は別の町に住んでおり、問題の空き地を買ってそこにアパートを建て、家賃を稼ぐ。どうやらそんな話だとわかったからだ。現に施主は一度も顔を見せていない。

Ｋ地区の結束は強い。「大東建託アパート建設に反対する住民の会」が結成され、本格的に反対運動がはじまった。

住民たちの強い反対の声にもかかわらず、しかし、計画は急ピッチで進んでいく。大東建託社員が最初に姿を見せてから一ヵ月後の一月一八日、着工を告げるチラシが各戸に配られた。

〈近隣の皆様へ　工事着工のご案内〉

拝啓　時下ますますご清祥のこととお喜び申し上げます。

この度、当該地区におきまして建築工事をすることになりました。

工事中、ご近隣の皆様にはご迷惑をお掛け致しますが、安全には特に注意して作業致しますので、ご近隣の皆様の寛大なるご理解を何卒《なにとぞ》、宜《よろ》しくお願い申しあげます。（後略）

木造二階建　賃貸アパート　一棟六世帯

大東建託富山支店

納得のいくまで話し合いをするつもりだった住民の感情が、これで一気に悪化する。社員の態度も悪印象を与えた。着工案内のチラシを配ったときの社員の様子を、住民の男性（七四歳）が話す。

「大東建託の社員二人が笑顔でやってきました。うれしそうに。そして私の顔を見ると、いきなり慣れ慣れしく、『よおっ』て感じで片手を挙げた。こっちは『なんじゃ？』と。そしたらチラシを渡した。見ると三日後の一月二一日に着工すると書いてある。いつ説明会をやるのかと言ったら『近いうちに』と言った。着工まで三日しかないのに。これじゃどうしようもないじゃないかと一悶着ありました」

危機感を強めた住民たちは反対攻勢を強めた。「アパート建設反対」と書いたポスターや看板を予定地周辺に取り付け、工事車両を停めさせないよう私道部分に「私有地」の表示をした。カラーコーンも置いた。

こうした抗議に対して大東建託の社員は、「計画に反対するポスターは名誉毀損や営業妨害になる」などと言ってきたという。むろん、根拠に乏しい主張である。結局、着工は延期された。

発覚した筆界確認書の改ざん

着工を延期させた計画を完全に白紙撤回させる方法はないか。住民たちは知恵をしぼり、手分けをして調査を行うことにした。そして二つの重大な不正を発見する。

ひとつ目の不正は、先述した農道をめぐるもので、重要な書類が改ざんされていた。状況はこうだ。

着工予定日から一〇日ほどがすぎた一月の末、山本さんの自宅に不動産会社の社員が訪ねてきた。例の農道の件で説明がしたいという。予定地の空き地を施主はすでに購入していた。その土地売買を仲介した不動産会社だった。

社員は山本さんに、「筆界確認書《ひっかい》」という文書のコピーを見せ、こう言った。

「（法的に）農道の半分はアパート用地として使うことができるんです。農道を九一センチにせざるを得ない」

筆界確認書とは、土地の境界について関係者立ち会いのもとで合意事項を書き込んだ文書のことである。不動産会社の社員が見せたのは、一〇年ほど前に土地家屋調査士が作ったものの写しだった。見取り図の脇に山本さんら近隣住民の署名がある。

〈――やはり農道を半分にされても仕方ないのだろうか〉

確認書を見た山本さんはそう思いかけた。しかし釈然としない。たしかに「幅二メートルを確保する」と合意をした記憶がある。あのときの合意はいったいどうなってしまったのか。

どうにも納得できない山本さんは、かつて筆界確認書を作ってもらった土地家屋調査士を訪ねた。そして不動産会社が持ってきた筆界確認書のコピーを見せた。土地家屋調査士は原本を取り出してコピーと照らしあわせ、やがて驚いた様子で言った。

「こんなことをしてもらっちゃ困る！」

土地家屋調査士が驚いたのは、保管してあった原本の内容とコピーのそれとが食い違っていたからだ。原本のほうは、図面の一部にこんな書き込みがある。

「農道分として二六－六より残す」

ところが不動産会社が持ってきたコピーにはこの手書き部分が消えていた。何者かが人為的に消している。

原本の「農道分として二六－六より残す」という記述は、「農道を二メートル幅で残す」との合意が地権者と住民との間で確かに交わされていることを意味する。

〈――やはり記憶どおり「二メートルの合意」は存在していたのだ〉

安堵する山本さんに、土地家屋調査士はあきれた様子で付け加えた。

「不動産会社に対しては、農道の件をちゃんとに説明したはずですよ」

つまり、不動産会社の社員が筆界確認書に改ざんをほどこし、「二メートルの農道を九一センチにしても問題はない」と虚偽の説明をしたことになる。悪質というほかない。

以上が農道幅をめぐる書類改ざん事件の顛末だが、この事件からほどなくして、今度は用地の売買契約書に添付された重要事項説明書の虚偽記載が発覚した。「私道」とすべきところを「公道」と記載していたのだ。これも不動産会社が作成した書類だった。

「私道がなぜ公道となっているのか。おかしいではないか」

住民は大東建託の社員をただした。

「不動産会社にだまされた…」

社員は意味のわからないことを言って口をにごしたという。[※1]

計画のずさんさが次々に露呈し、アパート建設着工の実現性は厳しくなってきた。大東建託は焦ったのか、住民に電話で暴言を浴びせるという乱暴な行為に出る。「反対する住民の会」の代表者であるＡさんの携帯電話に社員が電話をかけ、こう言ったという。

「Ａさん、あんたなんか世話人ぜんぜん向いとらん。世話人を別の人に変わってくれ」

ほとんど罵声に近い口調でなじられたとＡさんは話す。この様子は、偶然近くにいた赤星ゆかり富山市議会議員（共産）が目撃している。赤星市議自身、社員の求めで電話を代わり、話をした。その内容について赤星市議が証言する。

「不動産会社に行くから（住民も）一緒に行ってほしい。支店長に言われていて私は困っている。Ａさんは土地売買契約を破棄させるために動いている。そんなよくわからないことを言っていました」

混乱しているのか、それともやけばちになっているのか、社員の言っていることは支離滅裂だった。

計画は事実上頓挫した。

土地売買セットでのアパート販売は禁じ手

ところで、取材を進めながら私はある疑問を感じていた。大東建託のアパートを建てる際、わざわざ土地を買うというのはあまり聞いたことがない。よくあることなのだろうか。

　この点を大東建託元社員の男性に尋ねてみた。彼は次のように説明した。

「土地を持っているお客さんにアパートを販売するのが原則です。しかし、土地を買ってもらって建てるという商品もありました。不動産業者を介して施主が土地を買う。土地の売買がなされて所有権移転が終わった後に、大東は施主とアパート建築の契約をするわけです。ランドセットと呼んでいました」

　だが、元社員によればこの「ランドセット」はその後なくなったという。

「土地の売買が絡むと何かとトラブルが起きるんです。境界の問題とか。とくに田舎はありがちです。測量をしていなかったりするような例が多いですからね」

　トラブルになりやすいからランドセットはやらなくなったと元社員は言う。しかし富山の例をみればいまも続いているらしい。[※2]

　もうひとつ疑問があった。土地売買の時期だ。アパート建設の契約がなされたのは二〇一二年六月。しかしこの時点ではまだ用地の売買はなされていない。施主に土地が売却されたのは、建築契約から半年も後の同年一二月だった。土地をまだ買っていない施主との間でアパート建設の契約が成立するものなのか。

　この点も先述した元社員に教えを乞うた。彼の説明はこうだ。

「通常ではありえないと思います。もしかしたら、不動産会社を信用して、未入金状態の土地売買契約書だけで審査を通したんじゃないでしょうか。ともあれ、成績を挙げるために大東建託のほうから施主を口説いた可能性が高い」

業績を挙げるため、用地を持っていない施主に対して、土地の新規購入とあわせてアパート建設を働きかける。土地代が加わるから総事業費は割高になる。「アパート経営」計画に無理が出る。採算が取れるかどうかも怪しい。

住民とのトラブルは、こんな無理な計画が元で引き起こされたのではないかというのだ。

「街づくりにも作法がある」

それでも、どれほど無茶な計画であろうが、周辺住民がいかに反対しようが、現行法の下では、大東建託がアパート建築を強行しようとすれば止めることは難しいと、先述の赤星市議が問題提起する。「大企業は力がある。法律をたてに『われわれが町づくりをするんだ』と力を振りかざしてくる。とんでもない話です。今回の計画用地近くの住民は、たがいに土地を出し合い、声を掛け合い、気をつかい、絆を深めながら良質な住環境を作ってきたんです。そこへずかずか来て『町づくり』と言うのは『違うだろう』と思う。儲けのためならどこでも強引にやるというやり方は許せません。町づくりにも作法があるはずです」

そして、低層の集合住宅を作る場合に周辺住民の意見を反映する仕組みが必要だと訴える。

「二〇〇〇年ごろにマンション乱立問題が起きたとき、建築確認の手続き前に近隣住民に説明会を開いて報告書を出させるという条例をつくる自治体が増えました。富山市では実現しませんでしたが、こういう仕組みがアパートのような低層の集合住宅についても必要です。住民の話を聞く仕組み、条例をつくらないとだめだと痛感しています」

Ｋ地区の件は、その後二〇一三年四月になって、大東建託側から白紙撤回が伝えられ、一件落着した。

地方都市を訪れると、田畑を埋め立てて大東建託のアパートが林立する光景をよく目にする。入居者がいるのだろうかと素人目にも疑問を覚える場所にも建っている。アパート事業の見通しだけでなく、景観や環境、近隣住民のこともおざなりにして、ひたすら儲けのために建てまくっているとすれば、大東建託の悪評が日本中に広がるのは時間の問題だ。

＊〔二〇一三年五月二三日「マイニュースジャパン」掲載記事に加筆・修正〕

※１　問題の不動産会社は二〇一三年五月二四日、筆者の取材に対して次のとおり回答した。

「記事で指摘を受けた、①重要事項説明書の記載（「私道」が「公道」となっていた）の件、②筆界（立会）確認書の一部消去の件は、いずれも事実である。弊社社員の調査ミスなどによるもので、関係各位に大変ご迷惑をおかけした。担当社員を口頭で訓戒した。すでに土地売買契約を解除して、所有権を元に戻した。反省の意味を込めて、売買時の仲介手数料も弊社が負担した」（一部省略）

※2　ランドセットについては第4章の注釈を参照。

第7章　退去費用ゼロで「退去せよ」の非常識

二〇一五年の秋、「マイニュースジャパン」編集部を通じて、商店を営んでいるという男性から連絡をもらった。電話で事情を聞くと、「大東建託によって、店舗に借りている建物を立ち退き料ゼロで退去させられそうになった。こんな会社が上場しているのはおかしい」と憤懣《ふんまん》やる方ない様子で話した。詳しく取材するため、私は男性の住む鳥取に向かった。

「測量させてくれ」と突然現れた大東社員

宮下純也さん（仮名、四〇歳）が経営する雑貨店は、鳥取市の中心部から少しはずれた旧国道沿いにあった。体育館のような広い場所に、人形（フィギュア）やゲーム類など新品や中古の雑貨がところ狭しと並べられている。

「二階もあります。延べ床面積は約七〇坪。ふつうの賃貸借契約で借りて、店舗にしているんです」

商品の間を縫《ぬ》うように歩きながら宮下さんが説明する。

最近の年商は一〇〇〇万円から多い年で二〇〇〇万円ほどだという。サラリーマン時代に貯めた金を元手に起業してから九年になる。地道な努力で常連客を獲得し、万引きとも闘いながら、ようやく経営を安定軌道に乗せることができた。

「夫婦で築いた涙と汗の結晶みたいなものです」

宮下さんはうれしそうに言う。

そこに災難が舞い込んだのは約一年前、二〇一四年一二月のとある日曜の夕方だった。大東建託の建築営業社員という男性が突然訪ねてきた。年齢は三〇歳くらい、小太りで疲れた目をしていたのが印象に残っている。

名刺を渡しながら、社員は丁寧な口調で言った。

「明日、敷地の測量をしたい。お隣のバイク屋さんとダンス教室さんにも伝えておいてください」

家主からは何も聞いていない。いったいなんのために測量をやるのか、と宮下さんは尋ねた。だが測量の目的について相手は口を濁した。そんなよくわからない話を同じ家主の店子であるバイク店とダンス教室に伝えておけというのか、ずいぶん失礼な話ではないかと宮下さんは憤慨した。

憤慨しながら宮下さんは、ある可能性を想像した。大東建託がアパートを建てる会社であることは知っている。その会社が測量するというのだ。倉庫を壊してアパートを建てようとしているのではないか。宮下さんは社員をただした。

「ここを壊してアパートを建てるのですか」

「いえ、今すぐというわけではない…」

社員は白状した。

「やっぱり建てるのではないですか。いつですか」

宮下さんは追及した。

「一〇年先か二〇年先かわからない」

社員はあいまいな言い方で逃げを打った。その様子を見ながら宮下さんは確信した。

〈――着工は近い。そうすると明け渡しを要求されることになる。これはゆっくりしていられない〉

知識は武器だ、とすぐに勉強にとりかかった。図書館やインターネットで法律書を探し、判例も調べはじめた。

鍵は「借地借家法」にある――勉強しながら宮下さんはそうにらんでいた。特に重要なのが同法の第二八条だ。


〈借地借家法第二八条〉

建物の賃貸人による第二六条第一項の通知又は建物の賃貸借の解約の申入れは、建物の賃貸人及び賃借人（転借人を含む。以下この条において同じ。）が建物の使用を必要とする事情のほか、建物の賃貸借に関する従前の経過、建物の利用状況及び建物の現況並びに建物の賃貸人が建物の明渡しの条件として又は建物の明渡しと引換えに建物の賃借人に対して財産上の給付をする旨の申出をした場合におけるその申出を考慮して、正当の事由があると認められる場合でなければ、することができない。

なお、第二六条第一項とは、家主が賃借人に契約解除を求める際の事前通告義務を定めた規定だ。

〔借地借家法第二六条第一項〕

建物の賃貸借について期間の定めがある場合において、当事者が期間の満了の一年前から六月前までの間に相手方に対して更新をしない旨の通知又は条件を変更しなければ更新をしない旨の通知をしなかったときは、従前の契約と同一の条件で契約を更新したものとみなす。ただし、その期間は、定めがないものとする。

つまり、「正当の事由」がなければ、賃貸借契約を解除することも立ち退かせることもできない。法律はそう定めている。それでは「正当の事由」とは何か。逐条解説には次の三種類だと説明されている。

1　借地、借家に関する従前の経過（賃貸料延滞の有無、用途違反の有無など）

２　利用状況（老朽化など）
３　財産上の給付（土地建物の明渡しを条件として提供する立ち退き料など）

このなかで自分に関係がありそうなのは、「２」の「老朽化」と「３」の「立ち退き料」だと宮下さんは考えた。

まず老朽化についてはどうか。借りている倉庫は築後数十年経っているものの、鉄骨づくりで耐久性に問題はない。判例を調べてみると、この程度では老朽化を退去の正当事由にすることは難しそうに思えた。

次は立ち退き料について検討した。一定の退去費用を示されれば退去せざるを得ないという判例があった。居住目的で借りた物件ではないのが弱い部分だった。

「出て行くか否かは家主が示す退去費用次第だ」

調査の末、宮下さんはそういう結論に達した。いまの場所で商売を続けたいという言い分は十分に通用する。それでも出て行ってほしいと家主が考えるのなら退去費用の交渉となる。

念のため、弁護士に相談して退去費用の試算も行った。万端の準備を整えて相手の出方を待った。

退去費用ゼロの「合意書」に驚愕

大東建託の社員がふたたび訪ねてきたのは二ヵ月後、二月二六日の昼下がりのことだった。今度は家主も一緒だ。家主は菓子折りを出しながら二枚の書類を取り出した。一枚目を見るとこう書かれていた。

〈ご挨拶〉

…突然ではございますが、現在お貸ししております建物を諸般の事情により、この度、建替《たてかえ》を計画することになりました。

突然の事申し訳ございませんが、引っ越し手続き等、何分ご迷惑をお掛けいたしますが、何卒《なにとぞ》ご理解賜《たまわ》りますようお願い申し上げます。

尚、明け渡しにつきましては、平成二七年八月三一日までに明け渡しを完了いただきますようお願い申し上げます。

平成二七年二月二六日
山田次郎（仮名、家主）

アパートを建てたいので半年後に退去してほしいという。退去通告だ。宮下さんの読みは当たった。

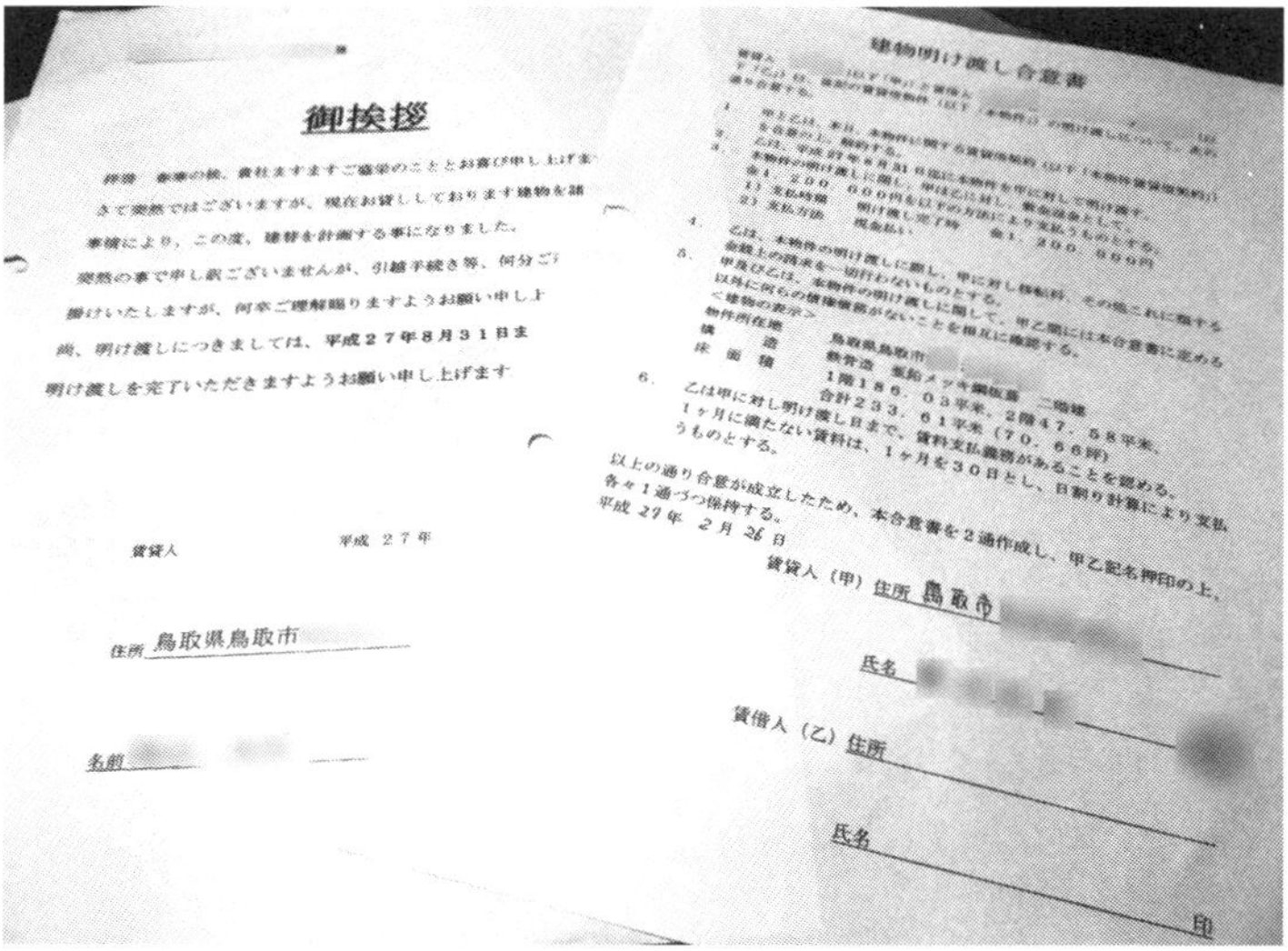

退去費用ゼロで立ち退きするよう求めた「合意書案」

「二〇年先か二〇年先かわからない」という大東建託社員の言葉はやはり嘘だったのだ。

〈――いったいいくらの退去費用を提示してくるのか〉

そう考えながら、宮下さんは二枚目の書類に目を移した。

〈建物明け渡し合意書〉

1　甲と乙は、本日、本物件に関する賃貸借契約を合意のもと解約する。

2　乙は平成二七年八月三一日迄に本物件を甲に明け渡す。

3　本物件の明け渡しに関し、甲は乙に対し、敷金返金として、金一二〇万円を以下の方法により支払うものとする。

①　支払時期　明け渡し完了時　金一二〇万円

②支払方法　現金払い

4　乙は、本物件の明け渡しに際し、甲に対し移転料、その他これに類する金銭上の請求を一切行わないものとする。

5　甲及び乙は、本物件の明け渡しに関して、甲乙間には本合意書に定める以外に何らの債権債務がないことを相互に確認する。

（略）

平成二七年二月二六日

賃貸人　甲　山田次郎（仮名）

賃借人　乙　――

驚いた。敷金一二〇万円を返すとあるほかは、何も金銭のことが書かれていない。敷金を返すのは当然だから、要は退去費用ゼロ、手弁当で出て行けということらしい。

「あきれました。そのまま退室しようかと思ったくらいです」

当時を思い出して不快になったのか、宮下さんは渋い顔をして言った。

法律・判例を武器に退去を撤回させる

宮下さんが試算した退去費用は二〇〇〇万円だった。引っ越し代や営業保証、開店費用を入れれば、最低そのくらいは必要だ。それでも新しい物件がすぐに見つかる保証はないし、見つかったとしても新しい店がうまくいくとは限らない。二〇〇〇万円でも割にあわないと踏んでいた。

安く言ってくるだろうとは予想していたが、まさか「ゼロ」とは思わなかった。

「これはまったく立ち退き料を払わないということですね」

半ば抗議の意を込めて宮下さんは言った。大東建託社員が家主にかわって答えた。

「合意されたらですね…」

この発言で宮下さんはとうとう怒った。

「いくらなんでもバカにした書類だと思う。もう交渉の余地はありません。借地借家法第二八条で規定された正当事由はありません。それでも退去しろというのなら裁判になりますよ。どうですか、勝つことができますか」

これには返す言葉もなく、家主と社員は黙り込んだ。そして署名・捺印のない合意書案を鞄にしまうと帰っていった。

以後一ヵ月ほど沙汰無しが続き、四月になって大東建託の社員がまたやってきた。

「立ち退きの話はなくなりました」

そう告げた。当初の計画は変更されていた。宮下さんが借りている倉庫は現状のままで残し、隣の倉庫棟だけを壊してアパートを建てるという。

〈――これまで通り商売が続けられる〉

宮下さんはほっとした。

しかし安心したのも束の間のことで、たちまち別の問題が起きる。アパート建設に伴い、宮下さんの店舗で利用している顧客用駐車場が狭くなることがわかったのだ。商売に支障を及ぼしかねない大問題だ。

「車五台分は確保しました」

説明に来た大東建託の社員は、図面を見せながらそう説明し、同意を求めた。

〈――五台ならやむを得ないか…〉

そう思いかけた宮下さんだが、返事は保留した。大東建託には不信感があったからだ。そして社員が帰ったあとでよく考えてみた。

〈――本当に五台でいいのか…〉

考えながらふと気になった。駐車場の幅だ。「車五台分は確保しました」と言っていた。だが見せられた図面の印象に違和感があった。たしかに五台分はあるものの、前後の幅が狭くなっていなかったか。

支店に電話をかけ、担当の社員を呼び出して尋ねた。

「駐車場の幅は変わっていませんか」

「変わっていません」

社員は答えた。しかし、なおも宮下さんは信用せず、図面を持ってくるように指示した。数日後、社員が図面を持ってやってきた。案の定だった。もともと一二メートルある駐車場の幅が、アパート建設後は七メートルに削られている。五メートルも短い。

「縮んでいるじゃないですか」

「あ、縮んでました…」

驚いて抗議する宮下さんに、社員はしれとした様子で答えたという。

商店の経営上、駐車場の大きさは死活問題である。宮下さんは現地調査を行い、七メートル幅では普通自動車が転回できないことを確かめた。頭から入った車がバック（後進）で出なければならない。これでは客足が遠のきかねないし、荷物の搬入や搬出にも支障がでる。

歩道の縁石問題も浮上

「大東建託は悪質だ。慎重にことを運んだほうがいい」

ますます警戒心を強めた宮下さんは、以後の交渉を弁護士に委任する。結果、駐車場の幅は、七メートルから一〇メートルへと三メートル広がった。後のトラブルを避けるために契約書も交わした。

わずらわしいストレスから解放されただけでも弁護士に頼んで正解だと宮下さんは思った。

駐車場の問題は解決したが、すぐにあらたな問題が起きる。アパートが隣に建つことによって、宮下さんの店の駐車場の出入り口が数メートルずれ、それに伴って縁石を切り取る工事が必要になった。ところが大東建託や家主が、この工事費用を払おうとしない。

とても納得できないと、宮下さんは弁護士を通じて工事費の補償を求めた。大東建託はなおも渋った。しかし宮下さんは妥協しなかった。「のぼり旗をたてて抗議しますよ」と強く出た。毅然とした姿勢に大東建託も応じざるを得なくなり、縁石工事費を家主が負担するという内容で合意し、契約書を交わした。

こうして、大東建託と家主による「退去費用ゼロで店子追い出し計画」は失敗に終わり、付随する問題もひととおり解決した。落ち着いて商売に専念できるようになった。最初に大東建託の社員が訪ねてきてから八ヵ月が経っていた。

一連の出来事を振り返って宮下さんが話す。

「もし私に知識がなかったら、向こうの言うことを鵜呑みにして泣き寝入り同然で出ていったでしょう。悪どいというほかありません。いくら営業成績をとるためとはいえ、ひとつの店舗を軽々しく廃業にするようなことをやる、しかも人を錯誤させるようなやり方でやるなんて…こんな会社が上場しているのはおかしい」

有名な企業だからというだけで信用するのではなく、少しでもおかしいと思ったら、自分で法律を調べ、弁護士に相談するなどして慎重に対応することがいかに重要かを、宮下さんの体験は教えてくれる。

＊〔二〇一五年一二月六日「マイニュースジャパン」掲載記事に加筆・修正〕

第8章　銀行融資一億円を宙に浮かせたまま建築強行

二〇一五年の夏、私はかねてからの望みであった、「アパートを売られる側」の悩みを聞く機会を得た。大東建託で嫌な思いをしたという年金暮らしの女性から連絡をもらったのだ。手持ち資金はほとんど不要。アパート経営で利益がでる。家賃は三〇年間保証する。子どもに資産を残すことができる――。セールスマンの甘い言葉を女性はすっかり信用してしまい、返済の見通しが厳しいにもかかわらず、あわや巨額の借金を抱えるところだったという。女性の住む富山に私は向かった。

東建がボツにした場所に

「返済の見通しがないのに一億円もの借金を抱えるところでした。この家も失っていたかと思うと本当に怖いです。同じような被害を受けている人がほかにもいるんじゃないかと思います。大東建託は本当に悪徳商法だと気づきました。テレビＣＭをやめてほしい」

富山市郊外の木立に囲まれた自宅の応接間で、三山雪江さん（仮名、七三歳）は、静かな口調で、しかし忌々しそうに事件を振り返った。長年勤めた教師を十数年前に退職し、アルツハイマーを患う高齢の夫と二人で年金を頼りに暮らしている。

発端は二年前にさかのぼる。二〇一三年三月のある日のこと、背広を着た見知らぬ男性が突然やってきた。差し出した名刺には「大東建託富山支店」とあった。大東建託の名はテレビＣＭで有名だ。東証一部上場企業であることも知っている。気の弱そうな中年の男性だったが、三山さんは「いい印象を受けた」という。

訪問の目的はアパート建築の営業だった。

「土地をお持ちじゃないですか」

男性社員はそう言った。アパートを建てる場所を探しているという。

「ありますよ」

三山さんはまったく警戒せずに答えた。廃倉庫の建っている土地があったから、伝えただけのつもりだった。どうせ関心はないだろうと高をくくっていた。というのも、その土地は七〇坪（約二一〇平方メートル）しかない。アパート用地には狭すぎる。場所もよくない。

「七〇坪の狭いところですよ」と三山さんが言うと、社員は困惑気味に続けた。

「土地を見せてもらって、見積もりだけでもさせてもらえませんか。営業成績になるんで…新人なんです。成績を挙げないといけないんです※」

大東建託のテレビＣＭをやめてほしいと訴える女性

社員はいっしょうけんめいだった。その姿に三山さんは同情した。元教師という職業柄、若い人が困っているのを見ると助けたくなる。同情心から、三山さんはついこう答えた。

「見積もりだけならいいわよ。あなたの成績になるのならどうぞ。だめだと思うけど」

そして、廃倉庫の住所を伝えた。現地を見ればあきらめるはずだ、アパートができるはずがないとまだ信じていた。もとよりアパート経営などに興味はない。

絶対にあきらめると三山さんが確信したのは、じつは一ヵ月前に同業である東建コーポレーションの社員が訪ねてきたばかりだったからだ。彼にも七〇坪の土地のことを話した。東建の社員は土地の調査を行い、数日後こう返事をした。

「あの広さでは二戸分のアパートしかできま

せん。ウチでは無理です」

このいきさつがあったので、東建が断ったものを大東建託がやれるわけがないと考えたのだ。

はたして一週間後、件《くだん》の大東建託の新人社員が再びやってきた。彼は表情明るく言った。

「あそこに建てること、ウチの会社ならできます」

「できるって…」

意外な回答に三山さんは驚いた。だが「アパートには興味がない」ときっぱりと断ることはしなかった。そして、以後ずるずると大東建託と付き合うことになる。東証一部上場の有名企業がひどいことをするはずがないという思い込みがあった。

連日やってきた大東社員

以後新人社員は毎日のように訪ねてきた。建築営業のF課長もしばしばいっしょに来た。気弱そうな新人社員とちがってF課長は押しの強い人物だった。「アパートを建てるには今がチャンスです。今しかありません」と迫った。三山さんがとまどうのをよそに、試算書がつくられた。

・二階建て、二戸の賃貸アパート
・事業費は約二三〇〇万円
・資金の大半は銀行融資

・金利は三年目までが年利一・四五％、四～一〇年目が一・七％、一一年目～三〇年目が二％の変動
・家賃と駐車場の収入が毎年一三〇万円（一括借り上げの管理費を天引き後）
・銀行への返済と利息、固定資産税が年間九〇万円～一〇〇万円、差し引き年四〇万円前後の利益が出る
・三〇年後に完済し、以後は月一〇万円あまりの家賃収入がほぼすべて利益となる――

あとから思えば、修繕費の見積もりは甘く、家賃が下がるリスクも考慮されていない、きわめて楽観的で非現実的な計画だった。だが事業の経験がない三山さんには、どこに問題があるのかすらわからなかった。

冷静に考えれば、三山さんがアパート経営をやる意味はなかった。地価が安いので相続税には困らない。副収入がほしいわけでもない。夫婦二人の年金が年三百万円近くあるので生活には事足りる。

大東建託にかかわったのは、新人社員が困っている様子なので親切にしただけだった。

この人のよさと断れない性格に、まんまとつけいられた格好となった。

「今がチャンスです。今しかない。来年（二〇一四年）の四月から消費税が上がります。相続税対策にもなる」

F課長はしつこく繰り返した。折しも消費税の増税問題が世間をさわがせていた。

毎日のように訪問を受け、アパート計画を聞かされているうちに、やがて三山さんの心理に微妙な

変化が生じる。

〈――アパートも悪くないかも…〉

そんな気になってきたのだ。そして、「廃倉庫を放置しておくのは用心が悪い」と思いはじめた。

アパートやるより売ればよかった

七〇坪の土地と倉庫は、かつて夫が経営していた印刷会社のものだ。その夫は六年前に軽度のアルツハイマーを発症、それを機に商売を廃業した。以来、放置されて廃屋になっている。夏になると雑草がはえる。放火されないか心配だ。近所に迷惑をかけているという引け目もあった。

こうした三山さんの悩みを聞き出したF課長は、すかさずこう切り込んだ。

「アパートを建てれば解決しますよ」

「なるほど…」

三山さんの心はさらに動く。売却するという選択肢があったはずだが、そんなことを考える間もなく、矢継ぎ早にアパート建設の話が進んでいった。

とはいえ、大東建託の話をすべて鵜呑みにしたわけではない。アパートを建てても高い家賃を払って入る人などいるのだろうかと疑った。そして、あるときF課長にこの点を尋ねたところ、雄弁に答えたという。

「これからは違う。アパートの時代です。持ち家はコストがかかる。終身雇用が変わってきている。いいアパートを移り住むというのが新しいスタイルです」

そんなものなのかと首をひねる三山さんに、Ｆ課長は試算書を何度も作り直してきては広げて見せ、とうとうと説明した。

「毎月三〜四万円の利益が出る。建築費用は大半を金融機関の融資でまかなう。いい話ですよ」

「銀行の借入は大丈夫なんでしょうか」

「いっさい心配しなくていい。すべてウチでやります。銀行で借りられます。年利一・四五％です」

「陥落」寸前とみるや、畳み掛けるように「三〇年一括借り上げ」の話をした。

「三〇年間家賃を保証します。修理もウチに任せてください。何の心配もいりません」

四月二四日、ついに三山さんは契約に応じる。二三〇〇万円を借りて一棟二戸のアパートを建て、賃貸経営をする決心をしたのだ。新人社員がはじめて飛び込んで来てから一ヵ月たらず。怒濤のような売り込みの結果だった。不思議と大きな買い物をした感覚はなかったという。

なお、契約当時の三山さんの理解はこうだ。

〈手持ち資金は五〇万円ぽっきり。それで毎月三万円の収入がある。三〇年で支払いを終え、その後は月一〇万円の収入になる。自分が死んだのちは、子どもに魅力的な遺産が残る。試算書には「自己資金三百万円」とあるが、これも融資でまかなうので工面する必要はない――〉

融資の申し込みは大東建託にすべて任せていた。窓口は頼りない新人社員だ。融資が決定したという話はまだなかったが、新人社員は言った。

「いっさい心配しなくていい。融資の件もすべて課長に任せておけばいいです」

　新人社員の言葉を三山さんは信じて疑わなかった。

田んぼのなかに八七〇〇万円のアパート計画

「ほかに土地をお持ちじゃないでしょうか」

　七〇坪の土地にアパートを建てる話がまとまると、間髪を入れずにＦ課長らは次の売り込みを開始した。

「じつは気がかりになっている空き倉庫がもうひとつあるんです…」

　すっかり気を許してしまった三山さんは、そんな話をした。水田地帯の一角に四〇〇坪の敷地があり、古い倉庫が建っている。これも夫の商売で使っていたもので現在は廃屋だ。ただ銀行の借金が残っていて抵当権がついていた。

　大東建託は素早く行動に移った。現地を調査し、数日後、返事をよこした。

「一〇戸のアパートができますよ」

　これも三山さんはやる気がなかったのだが、またもや猛スピードで話が進み、ひきずられていく。たちまち試算書がつくられる。

総工費は約八七〇〇万円。うち、自分で出すのは約一八〇万円でよい。残りは銀行から年利一・四五％で融資を受ける。返済をしながら月々一〇万円から一五万円の収入が生まれる。土地の残債務も融資で返す。――少なくとも三山さんはそう理解していた。

試算書をよく見ると、自己資金は八〇〇万円で銀行借り入れは七九〇〇万円とある。しかし当時の三山さんの認識は、あくまでも「持ち出しは一八〇万円」だった。書面の記載よりも社員らの言葉を信用した。せき立てられるあまり、よく読んで考えるゆとりはなかった。

Ｆ課長の強引さは前回以上だった。

「僕は地元Ｘ高校の出身なんです」

「まあ、そうなの」

Ｘ高校は地元の進学校だ。懐かしそうに目を細める三山さんに、Ｆ課長は雄弁に語った。

「近所に大東建託のアパートがあってうまくいっているんですよ。ウチの方針で、この地域はこのアパートと三山さんのアパートの二棟だけで、もうそれ以上はつくりません。だから一〇戸くらいすぐに埋まります…」

水田に囲まれた四〇〇坪の土地は、地元の人がふつうに考えれば「アパート経営」に向いた場所ではない。三山さんも、入居する人が本当にいるのかと、やはり半信半疑だった。その不安を打ち消すように、Ｆ課長は自信ありげに言った。

「金属会社のＹ社の工場があるでしょう。富山市内よりはここは家賃が安い。すぐに入りますよ」

カラーのカタログや図面を広げ、連日数時間にもわたる勧誘が繰り返された。前回と同様に、三山さんは心を動かされはじめる。

〈――草ぼうぼうで用心も悪いあのうっとうしい場所が、こんなふうに明るくなるのか〉

そんな気持ちになってきた。

「三〇年一括借り上げ」に「消費税」――お決まりの売り文句を重ねて、F課長らは強く迫る。

「今しかない。契約するなら今月中です」

きっぱり断れなかったのは、疲れていたためでもあった。親族が重病になったり亡くなるという出来事が続いていた。落ち着いて考える余裕はなく、大東建託の強引さに流されていく。

前回の契約から一週間後の四月三〇日、三山さんは二つ目の契約書に署名・捺印する。総事業費は二棟あわせて一億円に達した。

だが、あくまで「自分で出すのは約二〇〇〇万円だけで、あとはすべて融資でまかなう」と三山さんは思っていた。家族には相談しなかった。

七〇坪の土地に計画した一棟目の分も含めて、融資はまだ何も決まっていなかった。

融資未決定のまま着工

二つの契約が済むと、F課長はぱたりと来なくなった。新人社員だけがときおりやってきて「壁の色はどうしましょうか」などと細かいことを決めていった。三山さんは銀行融資のことが気がかりだったが、それについては説明がなかった。

「融資はどうなっているの」

ことあるごとに三山さんは新人社員に聞いた。

「大丈夫、課長にまかせている」

返ってくるのは同じ言葉だった。

契約から二ヵ月が経ち、やがて夏がくる。七月のある日、大東建託から電話があった。

「七〇坪のほうの古い倉庫を壊します」

一方的な調子の連絡だった。そして一ヵ月ほど連絡が途絶え、八月になってから今度は「四〇〇坪のほうの倉庫を壊します」と電話で言ってきた。これも一方的な連絡だった。

融資の話は相変わらずなしのつぶてだ。

さらに一ヵ月後の九月某日、長く顔を見せていなかったF課長が突然訪問してきた。見たこともないような硬い表情に、三山さんは少し驚いた。F課長はだしぬけにこう言った。

「(一棟目の) 着工金六八〇万円を払ってほしい」

三山さんが驚いたのは言うまでもない。自己負担は二〇〇万円で、あとは融資でやると言ったではないか。

「話が違うんじゃないですか」

「どうしても必要だ」

Ｆ課長の口調にはすごみがあった。怖くなった三山さんは納得がいかないまま渋々承諾し、なけなしの財産から六八〇万円を払った。

やがて、七〇坪の土地で一棟目のアパートの建設がはじまった。

このころから三山さんは不安を感じはじめる。もっと早く息子に相談すればよかった——とは後になって思ったことである。当時親子関係がぎくしゃくしており、コミュニケーションがうまくいっていなかった。夫は病身で相談相手にはならない。三山さんは一人で問題を抱え、一人で判断した結果、さらなる深みにはまっていく。

一〇月になり、Ｆ課長が再び金のことを言ってきた。二棟目の計画地である四〇〇坪の土地の抵当権のことだ。銀行の負債が一〇〇〇万円残っている。それを完済して担保をはずせと言うのだ。

残債務の返済も融資でやるから問題ないと理解していた三山さんは、当然釈然としない。しかし、いまさら後戻りできないとも思った。冷静な思考ができなくなっていた。Ｆ課長に言われるまま、投資信託を解約して一〇〇〇万円を金策し、銀行に払って抵当権を抹消した。

二棟目のアパート工事もこうしてはじまる。融資はまだ決まらない。

〈——いったい融資はどうなっているのか〉

重い気がかりを抱えたまま、三山さんは大東建託の招待でセミナーや旅行に行った。さいたまアリーナ（さいたま市）の「郷ひろみショー」にも連れていかれた。何棟も持っている農家の男性が、

「利益を挙げている」と得意げに話していた。アパートを建てるのは当然なのだといった高揚した空気に満ちていた。その中に身を置いているうちに、三山さんの不安はいつの間にか消えていた。

「やらなきゃいけない」

「大東を疑ってはいけない」

そんな明るい気分になった。

高金利に驚愕

待ち続けた融資の話がきたのは、暮れもおしせまった一二月二〇日の夜半のことだった。Ｆ課長が電話をかけてきて言った。

「融資が決まりました」

一棟目は八割方が完成し、二棟目は基礎工事を終えていた。融資が決まったと聞いて三山さんはほっとした。しかし金利を聞いて驚いた。

「〇〇信金××支店、年利一・八％です」

一・八％とはどういうことか。一・四五％ではなかったのか。電話はいったん切れ、一時間後にまたかかってきた。今度はこう言った。

「一・九％です」

「話が違いますよね。どういうことですか」

「…」

借り入れ総額は約一億円。金利が〇・五％違えば支出が年間で数十万円増える。切実な問題だ。

翌朝になってＦ課長から三度目の電話があった。前日と言うことが変わっていた。七〇坪の計画のほうの金利は年二・一五％、四〇〇坪の件が同二％だという。加えて、病身の夫と二人で住んでいる自宅を担保に入れるのが融資の条件だとも言った。いくらなんでも高すぎると、三山さんはあいた口がふさがらなかった。

この期に及んで三山さんはようやく息子に相談する。自営業をやっている息子の反応は早かった。

「大変な問題だ。なぜもっと早く相談しなかったのか…」と母親をいさめ、すぐにＦ課長ら大東建託の社員を自宅に呼んだ。そこで事情をただし、納得できない部分について抗議した。

・二％以上もの金利で借り入れしたのでは利益が出ない

・三〇年間満室が続くという入居の見通しも甘い。非現実的だ

・融資が決まる前に工事をしているのはどうみてもおかしい

抗議を受けてＦ課長はこう言ったという。

「工事はフライングでした」

息子は契約書を点検し、融資が出ない場合は解約できるという条項があることに気づいた。三山さんが気づかなかった解約条項だ。重要事項として説明を受けたことを証明する書類もあったが、解約

条項について説明された記憶はない。

融資未定の段階で着工する「先行工事」という例外的なやり方もあるが、この場合は施主の同意書が必要だ。三山さんの場合、先行工事の同意書はつくられていなかった。

大東建託に重大な非があるのは明らかだった。しかしＦ課長や支店長、担当の新人社員からも謝罪はなく、なおも工事を進めたがっている様子だった。

調停で白紙撤回勝ち取る

あらためて話し合いがもたれた。三山さんと息子、大東建託のＦ課長、そして信用金庫の社員が同席した。

「入居者が入りそうな場所ではない。入らなければ借金が払えない。金利も高い。とんでもない計画じゃないか」

息子が抗議すると、Ｆ課長は悪びれる様子もなくこう返したという。

「三〇年一括借り上げですから。月五〇万円として、もし半分しか入居しないと二五万円×三〇年＝六〇〇〇万円以上をウチがかぶるんですよ」

これが不正確な説明であることを息子はすぐに見抜いた。大東建物管理（現・大東建託パートナーズ）との一括借り上げ契約書によれば、家賃据え置きは一〇年間だ。以後は家賃の見直しができる旨の規定になっている。建物が古くなって入居者が減れば家賃引き下げは避けられないだろう。

Ｆ課長の不誠実な態度がきっかけで、話し合いは紛糾する。

また、同席した信金の社員からは驚くべき発言があった。

「融資は約束していない」

そう言ったのだ。

「二～二・一五％で融資が決まったというＦ課長の説明はなんだったのか。悪徳商法といっしょだ。年寄りをだました」

息子は強い怒りを覚えた。三山さんもこの期に及んでようやく計画のずさんさに気づき、憤りを感じはじめる。

話し合いではらちが明かず、三山さんは民事調停を裁判所に申し立てた。結果、①一棟目の七〇坪の物件は、建物を完成させて約二〇〇〇万円を三山さんが支払う、②二つ目の四〇〇坪の一〇戸のアパートは、基礎を取り壊して更地にもどす、――という内容で和解した。実質勝利といってよい。

もっとも三山さん親子の本音を言えば、すべて白紙にしたうえで慰謝料をとりたいくらいだ。しかし、契約書に署名・捺印している以上、徹底的に訴訟で争うには、相当な時間と労力を覚悟しなければならない。現実的な早期の解決案で妥協することにしたのだ。

三山さんは、一棟目の建築費の残金一八〇〇万円を自分で工面することにした。高い勉強料だと思って融資先を探した。幸い一・八％で借りることができた。高いが「二％」よりはましだ。一棟二戸のアパートでは収益性が悪いのでやむを得なかった。管理も地元の不動産屋に依頼した。管理費がはるかに安く、リスクが小さいと判断した。

　調停が終わり、ほっとした。だがすぐに、うんざりするような事実が発覚する。ほぼ建築が終わった一つ目のアパートを念のために検査したところ、多数の施工不良が見つかったのだ。ボードのずれや柱のゆがみ、基礎のコンクリートのひび割れがあった。修復を求めて再び大東建託と交渉しなければならなかった。

　一連の出来事を振り返り、三山さんが言う。

「場合によったら私が住んでいる自宅も担保にとられるところでした。とにかく強引でしつこかった。急がせる。考える余裕を与えない。それで冷静に判断ができなかった」

　同じ被害に遭う人がでてほしくないと『読売新聞』に手紙を出した。反応はなかった。地元紙の『北日本新聞』にも、教え子の記者を通じて伝えた。やはり記事にはならなかった。ＮＨＫだけは「サブリース」（一括借り上げ）にトラブル多発というテーマで報道した。しかしそこでも「大東建託」という具体的な企業名はでなかった。

「やはりマスコミは広告なんかの関係で批判できないのでしょうか。中井貴一や津川雅彦など、タレントをつかったＣＭを見ると腹がたちます。営業マンがやってきて以来二年以上、ずっとストレスを抱えてきました。もうアパート経営などこりごりです」

＊〔二〇一五年七月二二日「マイニュースジャパン」掲載記事に加筆・修正〕

※　立地審査の獲得に迫られていたと思われる。第１章34頁参照。

第9章　強引に家賃下げられた家主《オーナー》が不安の声

ぜひお話ししたいことがある——二〇一六年の秋、私は一人の男性家主《オーナー》から連絡をもらい、新潟を訪ねた。早朝五時前にバスで到着した私を迎えにきた男性は、自宅に着いたとたん、堰を切ったように、これまでのいきさつと不安な心境を語り続けた。「通帳を見ているだけでいい」という話を信用し、銀行に数億円を借りて一一棟を建てた。当初は順調だったが、一〇年目になって事情が一変する。半ば強引に家賃を下げられはじめたというのだ。「大東建託にだまされた」と男性はしきりに訴えた。

「通帳だけ見ていればいい」

新潟市の永峰和夫さん（仮名、六〇歳代）は、二〇〇五年ごろに大東建託で計一一棟八〇戸のアパートを建設、一括借り上げによる経営をしている。銀行の負債は数億円。東証一部上場企業の良いイメージも加わって、永峰さんの目に大東建託は頼もしい存在に映っていた。ただし、一〇年前までのことである。

アパートを建てた二〇〇五年当時、永峰さんは家業である木材製材業の経営不振に苦しんでいた。不景気で売り上げは伸びない。毎月一〇〇万円から二〇〇万円の赤字が生まれた。経済構造がすっかり変わり、創業百年を超す老舗はもはや限界だった。今の商売をやめて別の事業に切り替えるしかないと家族で話し合った。スーパーマーケットはどうか、葬祭場はどうか。いろいろな意見が出た末に決まったのが、永峰さんが提案した大東建託の「アパート経営」だった。

大東建託新潟支店に電話をかけて事情を話すと、すぐに支店長が来た。予定地は、材木置き場に使ってきた広い土地を考えていた。

「五棟ほど建てられますね」

現場を見た支店長はうれしそうに言った。

試算書が出来るまでに二週間もかからなかった。計画の概要はこうだ。

五棟三六戸のアパートを建てる。予算は約三億円。賃料の売り上げは年間でおよそ二〇〇〇万円。管理費や金融機関への返済分を差し引いた七〇〇万円あまりが手取りとして残る。家賃は下がることなく三〇年間一定額で続く。返済が終わった後は、年間約二〇〇〇万円の売り上げのほとんどが所得となる。

「すぐに部屋は埋まる。空室率は三％程度です」

「通帳だけ見ていればいいいんですよ」

支店長らは言った。夢のような話である。

計画を練った末、当初三億円だった事業費の見積もりは、最終的に二億五〇〇〇万円になった。「安くなった。いいじゃないか」と、永峰さんはますます大東建託に好印象を持った。そして、契約書に署名・捺印した。製材所の整理に追われていて詳細に検討するゆとりはなく、大部分を大東建託にまかせた。

「私にとって大東（建託）は希望でした。これで苦境から脱出できると。着工に備えて、追加工費がかからないよう自分でいっしょうけんめい予定地のゴミを拾って整地しました」

永峰さんは振り返る。

「おもちゃ箱」でも魅力があった訳

やがて工事がはじまった。ここではじめて永峰さんは複雑な気持ちに駆られる。というのは、大東建託が建てているアパートが安っぽかったからだ。柱がなく、壁板を組み合わせただけの「２×４」（ツーバイフォー）と呼ばれる工法である。建材も、樹齢が若い輸入材を薄く剥がして接着剤で貼りあわせた合板だ。

老舗の材木製材業として永峰さんが手がけてきたのは伝統的な日本建築だった。厳選した材木を丁寧に加工して、百年でもゆうにもつ木造建築に使う。本物の木造を誇りとしてきた。大東建託の建物とは雲泥の違いがあった。

品質に対するとまどいは妻も同じだった。

「大東建託の建物はまるでおもちゃ箱のようで、おもしろくなくて仕方ありませんでした。だから、できるだけ見ないようにしたんです。見たくない。職人のプライドが傷ついた」（妻）

「せめて材木だけでも自分たちで調達させてもらえないだろうか」と永峰さんは大東建託にかけあった。そのほうが工費が安くなるし、良い材料が使える。

だが相手は即座に拒否した。大東建託が指定する業者の建材を使わなければ一括借り上げはできないし、客付けもしないというのだ。永峰さんは引き下がるしかなかった。

「アパートを建てるだけなら自分たちでできます。いいものをつくる自信がある。でも客付けはできない。アパート経営はできない。経営難に陥った製材所をどう整理するか、私の頭はその問題でいっぱいでした。在庫をどうさばくかとか、従業員をどう整理するか。機械をどう処分するか。やっぱり大東建託さまさまだったんです」

こうして五棟三六戸のアパートが完成する。大東建託の子会社と「一括借り上げ」契約もした。順調に入居がきまり、入金もはじまった。

「やはりいい会社だ」

永峰さんはあらためて大東建託に対する信用を深め、製材所を廃業する決心をする。「アパート経営」に完全に移行するのだ。

製材所の建物をすべて壊して、さらに六棟のアパートを建てた。計一一棟八〇戸となった。銀行の借金は五億円ほどに膨らんだが、永峰さんの気持ちは落ち着いていた。製材工場の整理に見通しがたったからだ。雇っていた従業員の行き先も無事決まった。もう資金繰りにあたふたする必要はない。

一〇年後の家賃引き下げ

今度も入居者は順調に決まった。前にも増して家賃が入ってくるようになり、暮らしぶりは格段に楽になった。

特に大きな問題もないまま一〇年近くが過ぎ、二〇一五年の初頭になった。借金は三億円ほどに減っていた。「このまま返していけばよい」と永峰さん夫妻はなんの心配もしていなかった。

最初に建てた五棟が「大規模修繕」の時期を迎えた。壁や屋根などを直す修繕工事を一〇年ごとにやるというのが一括借り上げ契約の条件だ。修繕工事の費用は約一〇〇〇万円。積み立てをしてきたので資金繰りに問題はない。ただ費用が割高に思えたので他の業者でやりたかった。だが、これも契約上大東建託の指定業者を使わなければならず、やむなく従った。

修繕の結果、アパートは新築のときのようにきれいになった。今後も同じ家賃で募集して問題はない。入居者も決まるだろう。永峰さんは楽観していた。

様子がおかしいと感じはじめたのは、修繕工事が終わってほどなくしてからだ。空き室が急に増えはじめた気がする。それまでせいぜい三〜四戸にとどまっていた空室が、五部屋になり、さらに七部屋、八部屋と毎月のように増えた。一年もしないうちに、とうとう一〇室を超えた。半年以上の長期に空く部屋も出てきた。こんなことはこれまでになかった。たしかに市内を見渡すと大東建託のアパートはずいぶん増えた。だがそのことを考えても、空き室の急増は不自然だった。

新顔の女性社員が来訪したのはそんな折だ。年に一、二回、社員がアパートの管理状況を報告に来る。女性社員の訪問もそうだろうと思い、永峰さんは気楽に対応した。

「〇〇を清掃しました。電球の球切れ交換しました…」

ひとしきり報告が終わり、永峰さんはいつもの書類に確認の判をついた。

「これで終わりですかね」

そう言ったら、女性社員はもう一枚書類を取り出して、机の上に置くと言った。

「これに署名いただきたいのですが」

なんだろうと書類を手にとった永峰さんは、一瞥《べつ》して驚いた。家賃引き下げの同意書ではないか。五万三〇〇〇円の家賃を四万九〇〇〇円に下げる旨書かれている。

「まずは現在空室になっている部屋から下げてですね、入居中の部屋についても、退去があり次第順次下げさせていただきたい」

女性社員は説明した。

考えてもみなかった話だった。家賃を下げれば収入が減る。銀行の返済計画に影響がでる。

「修繕をしたばかりで家賃を下げる理由などないじゃないか」

納得できない永峰さんは、同意を拒んだ。

数日後、永峰さんは支店の上司を自宅に呼んで抗議した。

「話がちがう。おかしいじゃないか」

広い居間に置かれた分厚い一枚板のテーブルの上には、一〇年前に営業社員がもってきた試算表が広げられていた。そこに記載された家賃額は〝三〇年間一定〟だ。

しかし上司は平然として、試算表の下に小さな文字で書かれた注釈を示した。

〈家賃をはじめとする各種収益・費用等の金額は、現在の賃料相場、税制に基づき試算したものであり、その金額を継続保証するものではありません〉

永峰さんは息を飲んだ。目にもとめていなかった記述だった。

「それでもやはり承服しがたい…」

渋る永峰さんに対して、とうとう相手は「殺し文句」を口にした。「（家賃引き下げに）応じてもらわないと客付けできません。家賃保証も払えませんよ」

客付けも家賃保証もしないと言われれば弱かった。銀行に支払う術がなくなる。永峰さんはそれでも粘りづよく交渉を続けた。そのかいあって、いくつかの部屋については家賃の現状維持を勝ち取った。だが別の数戸は泣く泣く家賃引き下げに応じた。

大東建託にまかせきりだったことを悔いた。

「私たちのアパートがいったいどんな紹介のされかたをしているのか、一度見てみましょうよ」

妻の提案で、大東建託の入居者募集用ホームページを確認した。そして仰天する。入居者が集まらないのも当然だ。公園のとなりなのに「公園まで五〇〇メートル」と書かれている。ショッピングセンターが近くにあるのにその紹介はない。とても本気で客付けしているようにはみえなかった。

「家賃を下げる口実をつくるために、わざと客付けをしていないのではないか」

不信が膨らみはじめた。

疑惑の空室率

いったんおかしいと思いはじめると、いままでいろいろな問題を見過ごしていたことに気がついた。空室率もそうだ。オーナーの集まりで、大東建託の新潟支店が空室状況の資料を配ったことがある。それらを見返しているうちに重大な矛盾を発見した。

問題の資料は二〇一一年六月に新潟支店審査課長がつくったもので、新潟市周辺の空室状況が地区ごとに一覧表になっている。その中で、永峰さんのアパートがある新潟市東区の記載はこうだ。

〈管理戸数八一六／空室数五一／空室率六・二五％〉

空室率六・二五％は、入居率に換算すると九三・七五％だ。決して芳しくない数字だ。ところがよくみていくと、欄外に「管理戸数」に関してこんな注釈があることに気がついた。

〈二〇一三年五月三一日現在〉

「八一六」という管理戸数は二〇一三年五月三一日現在の数字だと断っている。資料がつくられたのは二〇一一年六月だ。そうすると、「八一六」は資料作成時点の数字ではなく、二年先の予想値ということになる。一方「五一」という空き室数は資料作成時点のものだろう。そう考えるほかない。要するに、現在の空き室数を未来の管理戸数で割って出したのが空室率「六・二五％」だったのだ。数字のトリックである。

いったい二〇一一年当時の東区の管理戸数はいくつだったのか。別の資料で確かめたところ「七一七」という数字がみつかった。「八一六」より九九戸も少ない。この管理戸数七一七に対する空き室数が五一だとすれば、空室率は七・一一％だ。入居率は九二・八九％となる。資料に記載された「九三・七五％」より約一％も低い。九三％を割り込んでいる。

空室率に関する矛盾はさらに見つかった。同じ二〇一一年秋の空室率を、テナント営業課という新潟支店の別の部署が算出して資料にしていた。それによれば、同年の東区の空室率はわずか二％前後なのだ。同じ時期のデータでありながら、審査課長作成の数字の半分以下である。

こうなると、いったいどの数字を信用していいのかわけがわからない。

空室率の矛盾について永峰さんは支店に何度も問い合わせた。納得いく答えは得られなかった。だから本当の数字はわからないが、永峰さんは七％以上という空室率が実態に近いだろうと感じている。

ここ五年ほどの間、新潟市の大東建託アパートの増え方は尋常ではない。東区だけをみても、二〇一一年に約七〇〇だった戸数が二〇一五年には一〇〇〇を超えた。人口が増えているわけでもないから空室率が上がるのは自然である。

新潟の家主《オーナー》のため、自分の家族を守るため、永峰さんはいま、アパート乱立をやめるよう大東建託への働きかけを続けている。

「こんご同じ調子で家賃を下げられていけば銀行への返済が苦しくなる。私たちは年を取る一方です。空室が出ているのに、あいかわらずどんどんアパートを建てている。家主《オーナー》を切り捨てるのかと言いたい。家主は真剣です。人口が減っているのになぜ建て続けるのか、大東建託のやっていることには疑問があります。アパートの総量規制を考える時ではないでしょうか」

そして最後に語気強く訴えた。

「もし今、大東建託でアパートを建てることを考えている人がいたら、やめなさいと言いたい」

＊〔二〇一六年一〇月二〇日「マイニュースジャパン」掲載記事に加筆・修正〕

第10章 だまされた高齢者「二部屋だと思ったら一部屋だった！」

第9章で紹介した永峰さんの案内で、私は新潟県の地方都市で暮らす九〇歳近い男性家主《オーナー》を訪ねた。男性は、大東建託の営業社員に勧められるままに土地を買い、多額の借金をしてアパート二棟を建てた。掘り出し物の土地だという社員の説明を信用してのことだったが、新築直後から空き室だらけとなった。しかも、間取りは二部屋だとばかり思っていたのに、実際は一部屋だと知って愕然とする。

「大東建託にだまされた」と、この男性もまたしきりに嘆いた。

感じのいいセールスマン

「大東（建託）にだまされた。銀行の借金を無事返せるのか、子や孫はどうなってしまうのか。不安で夜も眠れない」

新潟県内で農業を営む浅野菊一郎さん（仮名、八八歳）は囲炉裏の前で嘆き、いきさつをとつとつと語った。

七年前の二〇〇九年のある日、いつものように畑仕事をしていると、背広を来た四〇歳くらいの男性が声をかけてきた、差し出した名刺には「大東建託新潟西支店・建築営業課 H」とあった。

「土地があるのならアパートを建てませんか」

仕事の手を休めて耳を傾ける浅野さんにH社員は言った。いわく、相続税対策になる、毎月一〇万円くらいの収入になる、三〇年間家賃を保証する、資金の心配はなく融資でまかなえる、すべてこちらでやるから心配はない。

「聞いたらまことといい話だで…ひとつやってみようかと思った」

浅野さんはすっかり乗り気になった。ちょうど空いている土地がある。

大東建託の提案を「いい話」だと思った背景には、苦しい農家の事情があった。

浅野さんには先祖から受け継いだ広大な水田がある。戦後一〇年間くらいは米価が高く、それなりに収入が得られた。だがその後米価が下がって収入は激減する。専業農家では生活が苦しいので小間物の部品を作る工場をはじめた。一時はそれなりの収入になったが、やがて落ち込む。そしてふたたび農業だけになった。高齢になって自分で稲作をすることができなくなり、いまは委託して耕作してもらっている。年収は数十万円。税金などを引くと何も残らない。「農家では暮らせない」と子どもたちはサラリーマンになった。先祖伝来の田畑や家を維持する負担は小さくない。税金などの費用がかさむ。自分はもう年だからなんとかなるとしても、子や孫のことが心配だった。

大東建託の「アパート経営」が魅力的に見えたのは、土地を受け継ぐ子孫の負担を少しでも軽くしたいと常日頃から気をもんでいたからである。

一棟目の計画が慌ただしく進んだ。費用は総額五〇〇〇万円。ほとんど融資でまかなかった。このときH社員が繰り返し言った言葉を浅野さんは忘れることができない。

「レオパレスのような一部屋ではだめです。入居者が集まりません。二部屋に限ります」

なるほどそんなものかと思い、H社員の意見に従った。間取り二部屋（2ＬＤＫ）の六戸。入居者はすぐに集まり、すべて埋まった。

二棟目は浅野さんのほうから提案した。もうひとつ金型工場に貸していた土地がある。工場は倒産し、建物が残ったままになっていた。固定資産税の負担は小さくない。売りたいのだが買い手がつかなかった。これをアパートにして収入になるのなら、そんないい話はない。

H社員に相談するとすぐに案を作ってもってきた。前回と同じで間取り二部屋の六戸だ。総工費は、解体費用でやや高くなり、五二〇〇万円だった。むろん、大半が融資である。浅野さんは迷わず契約に応じ、順調に着工して完成した。二棟目の客付けもうまくいき、新築直後からずっと満室だった。

二棟一二戸の家賃収入は毎月六〇万円あまりあった。そこから修繕費積み立て金として五％、管理料一〇％が引かれる。銀行に返済をすると二〇万円ほどが手元に残った。そこから固定資産税を払う。ときおり便座などの備品が壊れて修理費を引かれた。決して大きな利益ではなかったが、定収入があるのはありがたかった。さすが大会社だとますます大東建託を信用した。骨を負ってくれたH社員がまるで息子のように思えてきた。

「いい土地がある」の罠

「新潟市に安くていい土地がある。買ってアパートを建てませんか」

囲炉裏の前で茶を飲んでいたH社員が急にそんな話をしたのは、二棟を建ててから五年ほどがたった二〇一四年のことだ。もうこれ以上アパートを建てる気はないと浅野さんはいったん断った。農地の維持で大変なのに、わざわざ土地を買うなど論外だった。

だが、H社員はしつこく土地の購入を勧めた。

「すごく安い良い土地ですよ。あなたのためにもってきた。掘り出し物です」

H社員の執拗さと「新潟市」という響きが、浅野さんの判断を狂わせていく。新潟の地方都市で生まれ育った浅野さんにとって新潟市は大都会だ。住んだこともなく、行くこともめったにない。H社員の話を聞きながら漠然と想像した。

〈――都会は人も多い。きっとアパートに入る人も多いのだろう〉

やる気のなかった浅野さんだが、熱心な勧めにほだされて気持ちが変わり、一度現場の土地を見ることにした。H社員の車で向かった先は、幹線道から狭い脇道に入ったところの古い民家だった。ここを壊してアパートにするというのがH社員の提案だ。

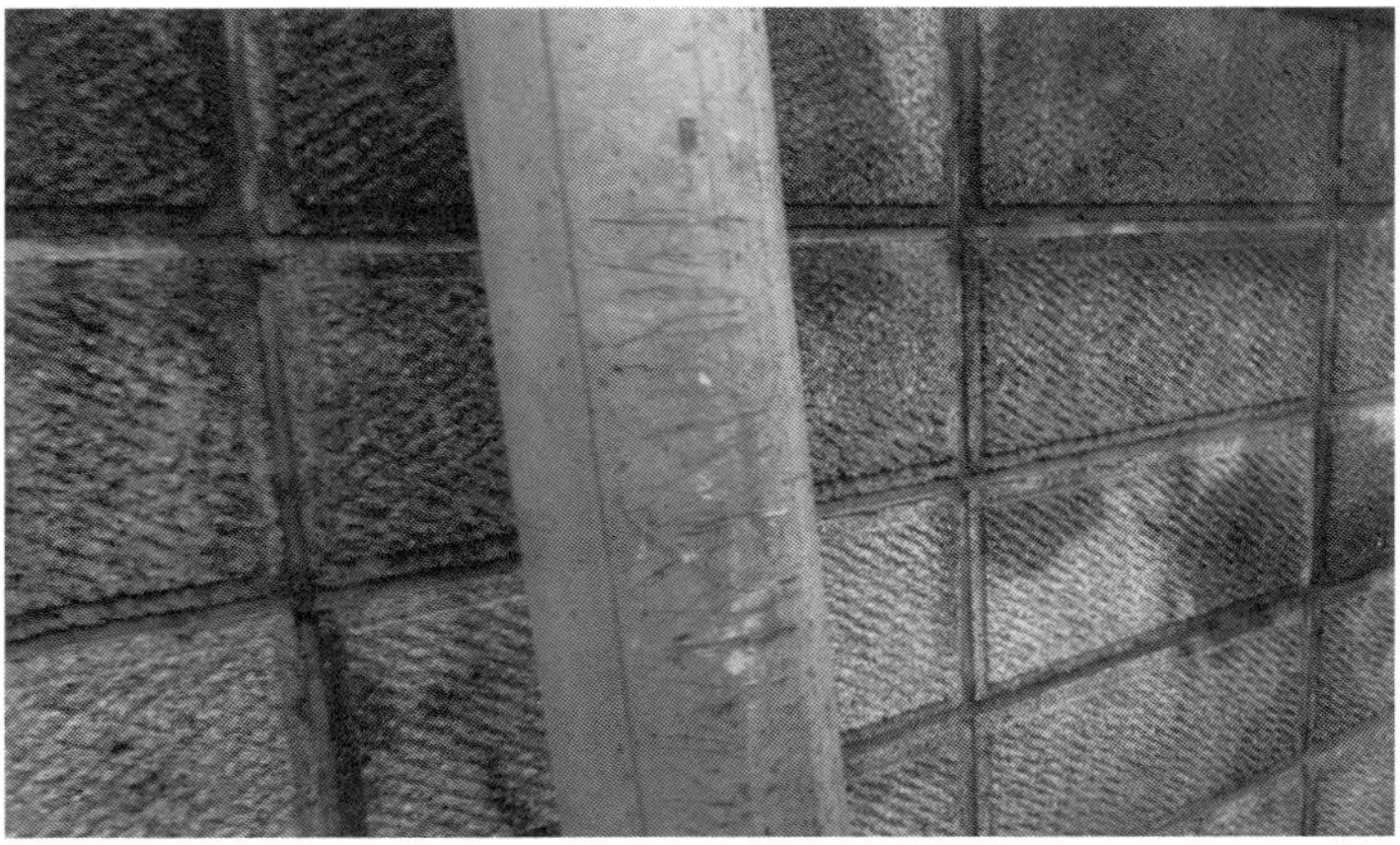

「掘り出し物だ」と言われて買った土地だが、前の道は車がこするような狭さだった

「定期的に収入が入る。よい話でしょう。坪数万円は安い」

Ｈ社員は安さを強調した。坪あたり数万円だといわれると、なるほど安いように思えてきた。ただ道の狭さが気になった。車一台がやっと通れる幅しかない。脇の壁や電柱を見ると車が接触してできた傷が無数にある。

「こがい（こんなに）狭いところで大丈夫か」

浅野さんは心配して尋ねた。

「いや、大丈夫。客付けはできますよ」

Ｈ社員は自信ありげに答えた。

気持ちが傾いてきたとみるや、二棟一六戸のアパートを建てる計画案がたちまち作られた。見積もられた事業費は約一億円だ。

支店長らＨ社員の上司も訪ねてきて「大丈夫だ」と口々に繰り返した。その言葉を聞くうちに心配は次第に薄らいでいった。

こうして浅野さんは三度めの契約書に署名・捺印をする。

契約に伴ってたくさんの書類が持ってこられたが、浅野さんは「どうせわからない」と詳しく見なかった。それでもただひとつ、念を押したのが間取りである。

「間取りは二部屋にする」

そう確かめたつもりだった。

一部屋の間取りではだめだ、二部屋でないと入居が埋まらない。——これは先に建てた二棟の成功体験から学んだ浅野さんのアパート経営術である。

「二部屋でないとダメだというのはHが言っていたことだから。わかっていると思っていた」

浅野さんは言う。

建築工事の現場を見に行ったこともある。しかし部屋の中までは確かめなかった。まさか施主の考えとちがうものが作られていようなどと、いったいだれが想像するだろうか。現場にはH社員もいた。彼は間取りのことを何も言わなかった。

一部屋だと知って愕然とする

一億円を投じて作ったアパートの間取りが施主の意に反して一部屋だったと気づいたのは二〇一四年九月のこと、完成して引き渡しを受けた後だった。一六戸すべてが一部屋（1K八戸と1DK八戸）

と知り、浅野さんは愕然とする。

「おかしいじゃないかとH社員に言った。自分で『レオパレスはワンルームだからだめだ』と言うとる。俺もそうだと思っているわけだし、当然二部屋だと思うとった」

浅野さんの当然すぎる抗議に対して、H社員は「大丈夫だ。客を付ける（入居者を入れる）」と繰り返した。だがさすがの浅野さんも今度ばかりは不信に駆られた。

「俺が二部屋だと思っていることを承知しているわけですけえの。完成するまでHは一言もそれを言わなかった。ああだまされたなと…」

書類を確かめてみると、虫眼鏡で見ないとわからないような小さな字で「１Ｋ」「１ＤＫ」とあった。口頭での説明はなかった。

賃貸が始まったのは翌二〇一五年の一月。浅野さんの不安は的中した。新築にもかかわらず一六戸のうち半分ほどしか埋まらない。

「やはり間取りのせいだ。一部屋は人気がない…」

浅野さんは落胆した。間取りの悪さに加えて、道の狭さも不人気の理由だと思った。車がないと身動きの取れない土地柄だ。冬場は頻繁に雪も降る。車が電柱にこするような道の狭さでは、一台が立ち往生すれば完全に交通が麻痺してしまう。そんなアパートを好む人がそんなにいるとは思えない。土地が安いのには訳があったのだ。

あれほど信頼したH社員だが、そのうち連絡がつかなくなった。後任の担当社員はほとんど連絡をよこさなかった。浅野さんの失望はいっそう強くなる。

「失敗した。だまされた」

繰り返し苦情を言った効果で、築二年目ごろから空室はやや改善された。それでも三戸程度は常に空いている。満室になったことは一度もない。事業としては明らかに失敗だった。

一括借り上げ契約によって、いまのところは空き室があっても家賃の入金がある。しかし入居が少なければ駐車場の売り上げもなく、収支は悪化する。さらに、浅野さんが心配するのは一〇年後のことだ。契約上、一〇年をすぎると家賃の見直しが可能だ。空き部屋があることを理由に家賃を下げてくるのではないか。考えれば考えるほど不安になる。

「失敗した。だまされた」

浅野さんは後悔することしきりだ。

「最初の二棟でやめておけばよかった。信用しすぎたなと。失敗だなと。孫のようなH社員に酔ってしまった。だがどうしようもない。こっちは借金が残っているだけ。自宅も担保に入っている。将来、家をとられることにならないか心配だ。子や孫がなんとか食っていけるようにと考えたのが、逆に不安を残してしまった」

浅野さんの話を聞きながら私はひとつの疑問を覚えた。Ｈ社員は、なぜ浅野さんが二部屋の間取りを望んでいることを知りながら一部屋にしたのか。以下は推測である。

〈二部屋にすると部屋数が少なくなり、家賃収入が下がる。そうするとアパート経営計画がうまく立案できず、銀行融資がでない。そこでこっそり間取りを一部屋にして部屋数を増やしたのではないだろうか。浅野さんはＨ社員を完全に信用している。高齢で数字にも弱そうなのでだますのは簡単だった。一方銀行は、自宅を担保にとっておけば仮にアパートが失敗しても損はしないと、無責任に貸した――〉

そんなところではなかったか。

高齢者につけいって甘言を重ね、高額の借金をさせて不採算のアパートを売りつける。売りさばいて利益を出せば後は野となれ山となれだ。家主《オーナー》は、下手をすれば銀行への支払いができなくなり、財産を失うこともあり得る。

警察や銀行によるオレオレ詐欺に対する警告がかまびすしい。しかしオレオレ詐欺は、普通は自宅までは盗まない。テレビや新聞で大宣伝を垂れ流し、警告の類もほとんど聞こえてこない「大東建託商法」は、考えようでは、オレオレ詐欺よりもはるかに悪質だ。

＊〔二〇一六年一一月二四日「マイニュースジャパン」掲載記事に加筆・修正〕

第3部

自壊への道

大東建託の取材を手がけて約一〇年、繰り返し問題を指摘してきたにもかかわらず劣悪な労働環境と不正を多発させる会社体質にほとんど変化は見られなかった。二〇一五年には社員が顧客をハンマーで殴打する凶悪事件が発生した。それでもなお改善は乏しい状況にあった。やがて労働組合が結成され、不当労働行為に対する告発が次々となされた。これに対して会社は、取材に応じたことを理由に執行委員長を懲戒処分するという「反撃」に出た。だが「大東建託商法」の問題は、もはや覆い隠しようのないところまできていた。

扉写真：刑事公判のため護送車で裁判所に入る元社員

第11章 労組結成で対抗 「二年間契約取れなければクビ」の異常

二〇一七年の春、大東建託に労働組合が結成されたというニュースが私の元に届いた。結成されたのは全日本建設交運一般労働組合（建交労）東京都本部大東建託支部である。一九七四年の創業以来四三年にしてはじめての本格的な労働組合だという。大東建託の労働環境の劣悪さは、数ある上場企業のなかでも間違いなく最悪級だが、これを改善する大きな力になるはずだと私はうれしく思った。さっそく労組に取材を申し込み、話を聞いた。

「二年間無契約でクビ」の同意書

組合員たちによれば、労組結成のきっかけは就業規則の変更問題にあったという。二〇一七年四月、全国の建築営業課員にある文書が回覧された。「就業規則・再雇用社員細則改定に係わる同意書」と題された文書で、宛先は熊切直美社長だ。就業規則の変更に同意を求めるための書類だった。

「同意書」には就業規則を次のように変える旨記載があった。

〈就業規則三四条（社員の身分の喪失）〉

次の各号の一つに該当する場合は、該当日の翌日から従業員としての身分を失う。

（中略）

（8）著しく営業成績が不良と認められるとき

「著しく営業成績が不良と認められるとき」は「従業員としての身分を失う」、つまり事実上会社を解雇されるという。いったい「著しく営業成績が不良」とはどんな状況をさすのか。社員向けの別の文書のなかで具体的に「解釈」が説明されていた。

〈建築営業職において、会社が継続して教育、指導、研修などを実施するも、長期間（二四ヵ月）にわたり無実績となった場合などがこれに該当します〉

要するに、二年間契約が取れなければ自動的にクビになるというわけだ。

この首切り条項の新設は建築営業社員の間に大きな動揺をもたらした。大東建託のアパート建築請負契約は一件数千万円から、高いものは一〇億円以上にのぼる。そんな高額な契約がそう簡単に取れるはずがない。二年間無実績でクビというのは、あまりにも理不尽だと誰もが感じたのだ。

「都会と地方で条件はまったく違う。それなのに一律に二四ヵ月で足切りをしようとしている。二年間契約が取れないだけで『著しく営業成績が不良』と決めつける。これはおかしい。とんでもない話です」

労組員の一人が証言する。

しかし、おかしいと思いながら多くの社員が同意書に署名したのも事実だった。このあたりの事情について、同じ労組員が続ける。

「拒否しても無駄だと上司に言われました。事実上の強制です」

同意を拒否する選択肢はなかったという。

参考までに、労働契約法第一六条は「解雇は、客観的に合理的な理由を欠き、社会通念上相当であると認められない場合は、その権利を濫用したものとして、無効とする」として、解雇権の濫用を戒めている。大東建託のこの就業規則変更は、解雇権の濫用、または退職強要の疑いがあった。

労組結成で異議申し立て

大東建託の社員虐待体質については本書「第1部」で紹介してきたとおりだ。一日一五時間以上というのも珍しくない長時間労働と過酷なノルマ、パワーハラスメント。退職する社員は後をたたず、常に社員を募集している。年間三〇〇〇人が入社し、ほぼ同数の社員が辞めているとの情報もある。

そこへ今回の「二年間無実績でクビ」条項の新設だ。もはや我慢ならないと社員たちが立ち上がっ

大東建託初の労働組合の執行委員長を務める古橋治人氏

たのが労組結成のいきさつである。二〇一七年四月一九日、全日本建設交運一般労働組合（建交労）東京都本部大東建託支部が設立された。[※1] 執行委員長には元練馬支店長の古橋治人氏が就いた。会社への通知は同月二六日。一九七四年の創業以来はじめての労働組合だった。

　執行委員長の古橋氏は、好業績を買われて練馬支店長を務めていた。ところが二〇一六年秋、部下のミスの責任をとらされてヒラの建築営業社員まで一気に六段階降格された。直接担当した部下らが軽い処分で終わっていることに比べれば不自然な重さだと、古橋委員長は理不尽に感じた。

　無謀なノルマを押しつける会社のやりかたに納得がいかず、折をみては役員や幹部らに苦言を言ってきたという。そういう「モノいう態度」が上役の不評を買い、報復的な処分を受けた可能性があった。

　なお、名誉と損害の回復を求めて古橋氏は大東建託を相手どって裁判を起こした。現在東京高等裁判所で係争中だ。

「解雇でも退職勧奨でもない」

労組結成から一ヵ月後の五月一九日、第一回の団体交渉が東京・品川の大東建託本社ビルで開かれた。そこで組合側が掲げた最重要項目が「首切り条項」問題である。

「二年間の営業成績不振を理由とする建築営業担当社員の解雇をやめること。また自主退社を強要する覚書について会社は撤回すること」

この撤回要求に対して、会社側は次のように答えた。

「著しく成績不良の場合は社員資格喪失ということである。その例示として二四ヵ月契約が取れないというのをあげた。手続きとしては解雇ではない。自主退社を強要していると（労組は）いうが、自主退社でもない。成績は低いけどずっとおいておくことは会社にとってもメリットがないし、従業員にとってももっとほかで活躍されたほうがいいんじゃないかと考えたので、会社としては不合理じゃないと考えている」

社員資格喪失であって、解雇でもなければ退職勧奨による退社でもないという。よく意味がわからない。

当然のことながら労組側は納得できない。

「（合法的に）解雇できないから自主的にやめさせる仕組みである。撤回せよ」

そう反論し、さらにこう続けた。

「何億円の契約を取った後、二年間ほど契約が取れないような社員もいる。その場合は成績不良とされて辞めさせられる。一方で、二年の間に数千万円の契約を取った社員は成績不良とならない。平均すれば前者のほうが会社に利益をもたらしているのにクビにされる。不合理ではないか」

会社側は「回答はさきほど言ったとおりです」とはぐらかした。

「二年間無実績でクビ」を撤回させるべく、組合側はさらなる団体交渉を要求する一方で、労働基準監督署への告発も辞さない構えだ。

さて、この日の団体交渉ではもうひとつ重要課題があった。「成績不良」を口実とした大幅な賃金カットの問題だ。

古橋執行委員長によれば、賃金カットの仕組みはこうだ。

「初任給は額面で約二八万円ですが、新人は最初の一年で契約が取れないと二年目から六万三〇〇〇円カットされます。さらに半年取れないと追加で四万五〇〇〇円カット。最短だと、入社後一年半で給料の額面が一八万円ほどになります。手取りにすると一二～一三万円です」

労組側はこの賃金カット制度を中止するよう要求した

月の手取りが一二～一三万円では、それだけで家族を養うのは難しいだろう。前年に契約獲得や完工があって歩合給が入った場合は、ある意味悲惨な現象が起きる。給料の全額が住民税などの経費で引かれてしまい、手取りがゼロになるのだ。それでも足らずに、逆に金を払わなければならないこともあるという。

生活費に窮してサラ金から借金をしている社員は少なくない。

もっとも、安月給であっても働き方に余裕があれば納得する余地もあろう。しかし大東建託の職場は常に過労死寸前の過酷な状況にある。

「建築営業は、担当（ヒラ社員）であれ、課長や支店長であれ土日出勤は恒常的です。残業月一〇〇時間はごくふつう、多い人は一二〇～一三〇時間はあるんじゃないでしょうか。明らかに二〇〇時間超えている人もいる。そうしないと業績を達成できませんから」

残業代の過少申告を上司が指示

残業時間の過少申告も常態化していると、古橋執行委員長は自身の体験を元に証言する。

「建築営業担当の社員が夜七時か八時ごろ帰ってきたところ、支店長が『おまえパソコンつけるんじゃないぞ、タブレットでやれ』と指示するのを目撃しました。先日も別の担当社員が、『おまえ今日から午後六時以降はパソコン消せ』と言われていました」

社用車で土日に仕事をしている社員に対して、「社用車は私用で使ったことにしろ」と指示されたという例も労組に報告されている。違法な残業隠しが横行している疑いがある。

大幅な賃金カットで社員を追い詰め、サービス残業を強要する。そうしたやり方を改めよと、団体交渉の場で労組は指摘した。しかし会社側から出席した労務担当職員や代理人は、どこふく風といった調子でこんな説明をしたという。

「当社としては成果主義を考えている。建築営業なら、成績がよければたくさん給料をもらっている。成績がないと下がる。そういうことを前提に入社していただいている。賃金カットではない。払うものは払っている。最低賃金以上のものは払っている」

古橋執行委員長があきれた様子で話す。

「契約を取って高収入を得ている社員はほんのわずかです。正直に残業を申告すれば最低賃金を割っている人が相当いるはず。労働条件が悪いから入社してもどんどん辞める。上場企業でこれほど求人している会社がほかにあるでしょうか」

一方で役員報酬（ストックオプションを含む）の高さは異常だ。常勤取締役一〇人の平均報酬は約一億二〇〇〇万円に達する。社外取締役七人の平均報酬は一六五〇万円だ（二〇一七年三月期）。

なお社外監査役には、元建設省中国地方建設局用地部長の二見和光氏が天下っている。

「役員にとって株価が上がればより多くの報酬がもらえる。株をつり上げることしか頭にない」（古橋執行委員長）

大東建託の問題経営の背景には株価至上主義がある。それこそが不正を多発させている元凶だというのが労組の分析だ。

役員の報酬は平均一・二億円

不正の多発は深刻だ。古橋執行委員長が説明する。

「無茶なノルマを課した結果、立地審査の偽造や架空契約、工事費の水増しなどの不正が起きている。説明不足のまま契約を急いで失敗することも多い。北首都圏建築事業部[※2]の管轄内でいえば、契約を取っても五件に二件くらいが落ちている（着工できない）有様です。全体でみれば一〇件に三件くらいが落ちているのではないでしょうか。お客さんは、契約時に払った契約金のうちから、最低で三〇万円、場合によれば数百万円を損します。だから大東建託の信用は落ちていくばかりですよ」

力づくで業績を伸ばそうと社員を鞭打つ。契約が取れない社員には容赦なく成績不良のレッテルを貼る。レッテルを貼られた社員は「低迷研修」という教育に駆り出される。

経験者によれば、研修とは名ばかりで実態は嫌がらせといったほうがふさわしい。電車で何時間もかかる遠方の支店に呼び出す。しかも朝八時半到着厳守で、ヒラ社員は自家用車の使用は禁止だ。始発列車でも間に合わないことがある。そんなときは前日から出かけて一泊する。この場合の宿泊代は自腹だ。そうやって呼びつけた先で飛び込み営業をさせる。半日の間に三五件の面談をやって報告しろと言う。しかも本人の成績にはいっさい反映されない。研修の結果、社員は疲労と屈辱を抱えて職場に戻ることになる。

管理職につくと「管理者養成学校」という約二週間の軍隊式の合宿研修に参加させられる。[※3]古橋執行委員長によれば、養成学校から帰ったばかりの課長が厳しく部下を指導した結果、二〇歳代の男性社員が自殺した事件が過去にあったという。

なお、管理者養成学校の問題については、労組が改善を訴えた結果、合宿の期間が従来の二週間から六日間へと大幅に減らされた。大声で叫んだり夜間何十キロも歩行させる「訓練」も中止された。労組が勝ち取った大きな功績だ。

「人間らしい職場を」

「会社を辞めよう」

ヒラ社員に降格されたとき、古橋執行委員長はいったんそう思ったという。だが、会社のやり方に疑問を持つ多くの社員らが降格撤回の嘆願書を書くなどして支えてくれたため、考え直して労組結成を決意する。その胸中をこう語る。

「ストレスと過労で病気になった者、家庭が崩壊した者、自殺した者も多くいます。またノルマに追いつめられた結果、書類の偽造や受注金、契約金の立て替えなどの不正をやって、クビになった者もたくさんいる。何千万円、何億円という借金をしてアパートやマンションを建築してくれた顧客様の担当社員や課長も退職に追い込まれて、顧客様を不安にさせています。もうこれ以上大東建託の犠牲者が出てほしくない。顧客様や従業員のためにも、人間らしい働き方をできる会社にするよう訴えていきます」

＊〔二〇一七年六月九日「マイニュースジャパン」掲載記事に加筆・修正〕

※1　全日本建設交運一般労働組合東京都本部大東建託支部のホームページ。
http://kenkouro.com/daito-kentaku.htm
※2　練馬区、杉並区、中野区などにある東京都や埼玉県内の支店でつくる部署。
※3　第1章36〜38頁参照。

第12章　取材に応じたら懲戒処分された！

大東建託創業以来初の労働組合である全日本建設交運一般労働組合東京本部大東建託支部結成のニュースは、社員の間にたちまち広がった。加入者が続々と現れ、長時間のサービス残業や過酷なノルマ主義、不当な解雇や事実上の辞職要求、パワーハラスメントの横行といった職場の問題を口々に訴えはじめた。全国各地の職場から持ち込まれたこれらの問題について、労組は、団体交渉などを通じて会社に改善を申し入れ、違法性の高い件についてはもよりの労働基準監督署に通報した。二〇一七年八月下旬、ついに労働当局が動く。甲府支店に所属する建築営業社員二人の未払い残業代を支払うよう労働基準監督署が行政指導を行ったのだ。[※1] 劣悪な労働環境にようやく改善の兆しが現れたと労組員らが喜んだ直後、事件が起きた。執行委員長の古橋治人氏が懲戒処分を受けたのだ。しかも、私（三宅）の取材に応じたことが理由らしい。とうとう大東建託が「ブラック企業」としての本性をむき出しにしはじめたと私は思った。

会社から届いた尋問調の質問状

処分に先立ち不穏な動きがあった。労組結成を伝える記事が「マイニュースジャパン」に出てから約三週間後の二〇一七年七月三日、執行委員長の古橋治人氏に宛てて大東建託・中村武志人事部次長から質問状が送りつけられた。

「この記事内容に関しては、具体的事実に基づく内容か否か、甚《はなは》だ疑問であるばかりでなく、いたずらに当社従業員の不安を煽るような内容ともなっております」

そう前置きしたうえで、記事上の表現も含めて事細かに二四項目にもわたって尋ねている。

たとえば、二年間無実績（契約を取れない状態）なら社員資格を失う旨の就業規則変更に関する「同意書」の問題を書いたくだりでは、「（同意書の署名を）拒否しても無駄だと上司に言われました。事実上の強要です」という社員の証言を紹介している点に触れて、古橋氏にこう質問している。

〈貴殿は三宅氏に対して、どのように伝えたのか？　また記載内容が事実ということであれば具体的に、いつ、誰の発言を指したものであるのか示すこと〉

また、「この同意書は社員の間でかつてない大きな波紋を呼ぶことになる」という記述に関しても、「貴殿は三宅氏に対してどのように伝えたのか？　また『大きな波紋』とは具体的に何を根拠としたものであるか示すこと」と質問している。「社員はおののいた」という記述についても、「貴殿は三宅氏に対してどのように伝達したのか？　また、具体的に、いつ、誰がおののいたのか示すこと」と聞いている。

　この調子で、さまざまな記事の記述について、細かい質問が続く。

――「『二年間契約が取れないことで、著しく営業成績が不良と決めつけるのはおかしい。とんでもない』。ある社員は、そう嘆く」との記述に関して、三宅にどのように伝えたのか。具体的に誰の発言か。

――「大東建託の社員虐待体質」という記述に関して、「貴殿」が三宅に伝えたのか。

――「一日一二時間以上の長時間労働」の記述に関して、「貴殿」が三宅に伝えたのか。

――「無謀なノルマを押しつける会社のやり方」の記述に関して、「貴殿」が三宅に伝えたのか。何をもって「無謀なノルマ」と伝えたのか。

――「月一〇〇時間を超える残業は当たり前で、残業隠しが行われているとの証言がいくつもある」の記述に関して、「貴殿」が三宅に伝えたのか。そうであれば、具体的にいつ誰の証言か示せ。

――「生活費が足らなくなってサラ金などから借金をしている社員も少なくないという」の記述に関して、「貴殿」が三宅に伝えたのか。そうであれば、具体的にいつ誰のことか示せ。

――「大東建託の職場は過労死寸前の過酷な状況にある」の記述について、「貴殿」が三宅に伝えたのか。そうであれば、どういう説明をし、それを裏づける具体的根拠を示せ。

――……

　質問というよりほとんど犯罪容疑者に対する尋問である。

懲戒予告

奇妙なのは、記事を書いた当の私には、大東建託はなにも苦情を言ってきていないという点だ。記事を出すにあたって次の質問を電子メールで送っているのだが、回答はない。

大東建託御中
（前略）取材の一貫として以下ご質問いたします。回答お待ちしております。（中略）
今年四月ごろ、御社社員に対して就業規則改定の同意書に署名を求められたとの話をうかがっていますが、そのなかに業績不良（具体例として二四ヵ月無実績が挙げられている）の場合は社員資格を喪失するとの条項を新設するとのことです。
1　御社の就業規則には、すでにこの条項は新設されたのですか。
2　「自主退社」の形をとった事実上の解雇ではないのでしょうか。
3　労基法や労働契約法などに違反する恐れはないのでしょうか。
（後略）

この質問を無視しておいて、記事を書いたわけでもなければ編集したわけでもない古橋執行委員長に根掘り葉掘り尋ねるのは筋違いというものだろう。答えられるはずがない。

完全に的外れの「尋問」に対して、古橋氏は寛容かつ紳士的に、労組執行委員長の肩書きをつけてこう返信をした。

〈…（前略）…大東建託支部（労働組合）に対するものであるか、従業員古橋治人に対するものであるか、質問の宛先を明確にして下さい。取材については、全日本建設交運一般労働組合東京都本部大東建託支部（労働組合）へ申し入れがあり、その支部執行委員長として受けたものです。…（後略）〉

取材は労組に申し入れがあり、労組として受けた。従って、尋ねたいことがあれば正式な形で労組にあてて問い合わせてほしい。

常識的な企業なら、この趣旨を理解した上で、聞きたいことがあれば労働組合に質問をするだろう。はたして、大東建託の回答は八月二八日付で労組宛に届いた。差出人は前回と同様に「人事部次長・中村武志」だ。

〈…（前略）…質問状の宛先を明確にせよということですが、当社からの書面を見てもおわかりの通り、「古橋治人殿」とあるとおり、一目で古橋氏個人宛であることは、明らかです。

当社からの質問状は、古橋氏に対する会社業務指示であり、古橋氏の対応は職務懈怠《けたい》と認識しております。

つきましては、会社としては近々、古橋氏個人に対し、職務懈怠を理由に懲戒処分をする予定としています。組合からも、古橋氏に対し、速やかに書面で回答するよう指導下さい。回答しないまま、この件は終了することはありません〉

「取材は労働組合として受けた」と答えているにもかかわらず、労組宛に質問をするわけでもなく、あくまで古橋氏個人が回答せよと迫る。そして、応じなかったら「職務懈怠」で懲戒処分をするとまで言っている。労組という独立した組織を尊重するといった意識がまるで感じられない。社員は経営者の持物だといわんばかりである。

不当労働行為告発への報復か

そして一週間後の九月四日、予告どおり譴責《けんせき》処分の通知が古橋氏の元に届く。「回答を怠った」ことが会社業務の不履行にあたるという。

無茶苦茶だと私は驚いた。取材は労組として受けたとはっきり「回答」している。だから「回答を怠った」という指摘はあたらないはずだ。もっとも、仮に回答がなかったとしても、いきなり懲戒処分をするような問題だろうか。

〈――懲戒処分に名を借りた報復ではないか〉

私は思った。というのは、労組の告発を受け、労働基準監督署は今年（二〇一七年）八月末、大東建託に対して、甲府支店の建築営業社員二人に未払い残業代を払うよう行政指導を行ったのだ。懲戒処分は、それに対する意趣返しのようにみえた。あるいは、「取材に応じるな。会社の問題をしゃべるな」という恫喝効果を狙ったとも考えられる。

当然のことながら、古橋氏への処分に対して、労組は「労働組合活動への不当な干渉であり重大な不当労働行為である」と猛反発、処分の撤回を会社に申し入れた。そして、会社に対して次のように通知した。

「マイニュースジャパンの取材は、全日本建設交運一般労働組合東京都本部大東建託支部（労働組合）へ申し入れがあり、その支部執行委員長として受けたものであり、労働組合活動の一環として行ったものです。（略）古橋治人個人として会社からの質問に答える立場ではありません」

私も記事を書いた者として無関係ではないので、二〇一七年一〇月二日付で大東建託に質問を送った。

大東建託御中

九月四日付で全日本建設交運一般労働組合東京都本部大東建託支部執行委員長である古橋治人氏を譴責処分にし、撤回を求める申し立てがなされている旨聞いております。これに関連して以下お尋ねします。

1　処分理由は、私（三宅）が執筆した記事〈「一四ヵ月無契約ならクビ」に異議あり　大東建託の〝人間使い捨て経営〟に社員ら労組結成で対抗〉（「マイニュース・ジャパン」）に関連する質問状（七月三日付）を御社が古橋氏に送ったところ古橋氏が「回答を怠った」ため、これが会社業務指示の不履行にあたるとのことですが、取材は労組として受けた旨すでに回答をしている旨うかがっています。これは質問状に「回答」したことにならないのでしょうか。また、労組に対して正式に質問をされない理由はなぜですか。

2　御社が古橋氏に送った質問状（七月三日付）を拝見しますと、もっぱら記事の内容に関するお尋ねのようにみえます。執筆者である私・三宅勝久に問い合わせをなされないのはなぜですか。

3　御社が古橋氏に送った質問状（七月三日付）によれば、「この記事内容に関しては、具体的事実に基づく内容か、甚だ疑問である」という記述がみられます。どの記述部分が「疑問」なのでしょうか。ご指摘ください。

4　御社甲府支店の建築営業社員二人について、今年八月下旬ごろ、未払い残業代を過去二年にさかのぼって支払うよう労働基準監督署から指導を受けた事実はありますか。

例によって回答はなかった。しかし記事を確認している様子はうかがえた。というのも、懲戒処分をめぐる一連の顛末を、私が二〇一七年一〇月に「マイニュースジャパン」で発表したところ、大東建託は古橋氏に対してさらなる「攻撃」に出たからだ。譴責処分は不当労働行為だから撤回せよという労組の申し入れを「却下」した上で、重ねて減給処分を行った。その理由がふるっている。「質問に対する回答がないままである」ことに加え、懲戒処分問題を伝えた私の記事が「会社の名誉・信用を損なった」と難じているのだ。当然のことながら労組側は断固として抗議を続けることになる。

労組の抗議

〔抗議文※2〕

大東建託株式会社　代表取締役社長　熊切直美殿
全日本建設交運一般労働組合東京都本部　執行委員長松田隆治
全日本建設交運一般労働組合東京都本部大東建託支部　執行委員長古橋治人

マイニュースジャパンの記事に関する、会社からの古橋委員長に対する重大な不当労働行為に対し、全日本建設交運一般労組東京都本部並びに大東建託支部（以下組合と記述）は大東建託株式会社（以下会社と記述）に対し断固抗議する。

九月一三日、組合としては不当労働行為としての抗議と譴責処分撤回を求める抗議文、また従業員としての古橋治人氏名義で、不服申立書を提出し、会社に譴責処分撤回を申し入れた。

その後、会社は九月一九日付け組合への回答書にて譴責処分の撤回を拒否し、一〇月二日付の従業員としての古橋治人氏宛に、「不服申立に対する回答書」を送付、譴責処分の不服申立てに対し、「取材については、全日本建設交運一般労働組合東京都本部大東建託支部（労働組合）へ申し入れがあり、その執行委員長として受けたものである」と支部執行委員長として回答しているにもかかわらず、「却下」と回答。

そればかりか、従業員としての古橋治人氏宛に会社より送付された、一〇月二七日付の処分書では、譴責処分より更に重い減給処分を強行した。

譴責処分、減給処分共に、古橋治人氏に弁明の機会が与えられることなく行われた、極めて不当な懲戒処分である。会社が行った行為は、委員長を狙いうちにした執拗な不当労働行為であり、社員や元社員、関係者に対し、マスコミからの取材を萎縮させる会社のマスコミ対策であり、言論の自由への挑戦である。会社はマスコミ対策をするより先に、労働組合やマスコミより指摘された会社への問題点を真摯に受け止め、改善を図るべきである。

組合は、マイニュースジャパンよりの取材に対して、会社による労働組合活動への不当な干渉を許さない立場から、会社が求めるような詳細な質問に答える事はないこと、すべて事実に基づいて労働組合として取材に応えたことを明言する。

そもそも会社が求める詳細な質問への回答は、取材を行ったマイニュースジャパンに尋ねるべきである。

以上

（二〇一七年一一月七日）

「（労組）委員長を狙いうちにした執拗な不当労働行為であり、社員や元社員、関係者に対し、マスコミからの取材を萎縮させる会社のマスコミ対策であり、言論の自由への挑戦である」という指摘は、まさにそのとおりだ。私は大東建託の言い分を聞くべく、質問を送って答えを待った。今度もなしのつぶてだった。

＊〔二〇一七年一〇月「マイニュースジャパン」掲載記事に加筆・修正〕

※１　その後の取材で、すでに二〇一七年一月から三月にかけて、三鷹支店と甲府支店で違法な労務管理があったとして、各所轄の労働基準監督署が本社に是正勧告などを行っていたことがわかった（二〇一八年七月追記）。

※２　労組の抗議文に対して、大東建託は二〇一七年一一月一三日、中村武志人事部次長名で次のとおり回答した。

「（前略）…当社は、今回の一連の当社の内部情報がゆがめられて掲載されて当社の名誉・信用を損なう状況において、調査のため業務上の指示として質問をしたのです。これは当社の従業員である古橋治人氏に対しての質問であり、貴組合の『委員長』に対する質問ではありません（仮に貴組合が主張する委員長に対する質問としても、一切、質問に対する回答がありません）。それを古橋治人氏は無視をしました。この無視は業務上の指示に違反するものです。また、この間上記歪曲した掲載により当社の名誉・信用を損なう状況のままになっており、さらには先般の古橋氏に対する譴責処分がマイニュースジャパンに掲載されたことから、今回の処分になったのです。

最後の『そもそも…質問…はマイニュースジャパンに尋ねるべき』とありますが、よくお考えください。マイニュースジャパンと当社とは雇用関係などありません。同社に業務上の指示はできません。抗議されるのであれば、よくよく法律関係を整理した上でしていただきたく存じます」

第13章 八千代支店と赤羽支店で自死が相次いで発生

「決して起きてはいけない。しかしこのままでは起きるかもしれない」――労働組合の関係者とともに心配していたことが二〇一七年、発生した。社員が相次いで二人も自殺したのだ。同僚らの証言によれば、どちらも過酷なノルマと長時間労働、上司のパワーハラスメントにさらされていた。そして、会社が労働環境の改善に取り組んでいる様子はない。「ひどすぎる。このままでは犠牲者がまた出てしまう」と同僚らは怒りをあらわに語った。

「大東建託に殺された」

大東建託八千代支店（千葉県八千代市）の建築営業課に所属するAさん（五〇歳代）は、二〇一七年六月某日、支店から数駅離れた場所の空き地で首をつり、命を絶った。葬儀に参列した同僚らによれば、喪主の父親は悲痛な表情でこう語ったという。

「辞めろ、辞めろ、早く辞めたほうがいいんじゃないかと言っていたのに…。いちばんくやしい思いをしたのは息子です」

〈――会社に殺されたというのは本当にそのとおりだ〉

遺族の言葉を聞きながら同僚は思った。亡くなる直前の一ヵ月間、上司から理不尽な理由で連日詰問されるAさんの姿を目撃していたからだ。

同僚らの話を総合すれば、いきさつはこうだ。

アパート建築の営業は日増しに厳しさを増しており、八千代支店も苦戦を強いられている。地方は人口が減っていて景気も悪い。アパートの需要そのものがない。一方都市圏では、アパートの需要はあるものの他社との競争が激しく、建築費が割高につく大東建託は人気がない。銀行などの金融機関は、アパートが供給過剰になってきたため融資に慎重だ。

業界を取り巻く状況が大きく変わっているにもかかわらず、大東建託の経営手法は変わらない。ひたすら「契約を取れ」と激しく社員に迫るだけだ。融資の見通しがなかろうが関係ない。契約を取れ、取れなければクビだと追い詰める。

結果、融資がつかないような問題契約が続出していた。

Aさんも例にもれず、実現性のない契約をいくつもやっていた。入社して五～六年の間に五～六件の契約を取ったが、融資がついて実際に着工できたものはほとんどない。

「結局、歩合がないと持ち出しばかりすることになる。注文時金や契約時金を立て替えたでしょうから。Aさん、いつも『お金がない』って言っていました。着工してないもんだからお金が入ってこない」

同僚は証言する。

業績が芳しくなければ給料はどんどん減っていく。[※1]亡くなる直前のAさんの給料は、手取りで一〇万円台だったと推定される。

「餞別《せんべつ》」がわりに架空契約

亡くなる半年前の二〇一七年一月ごろ、Aさんは二本の契約を立て続けにとった。成績不良の烙印である「長期無実績者」をこれで脱する。しかし、どちらの契約も着工が不可能な、いわゆる「テンプラ契約」だった。いずれは解約になるのが必至だった。そのことは支店長や課長をはじめ、支店のだれもが知っていた。

しかも、ひとつの契約は、退職する上司のための「餞別《せんべつ》」がわりで、上からの求めで渋々取った代物だったという。

「餞別契約」について同僚が説明する。

「Aさんの直属の上司の課長が定年退職するというので、餞別の契約をあげろ、餞別に一筆あげろと、支店長からも、課長からも言われる。つまり自分の業績にしたいから契約を取れということです。融資がつかない、形だけの契約であることは上司もわかっています。いずれ保留になってしまう。それでも契約を取らせようとするのは、業績を少しでもあげれば退職金などに反映するからだと思います」

契約には費用がかかる。上司への餞別のため、Aさんは契約金などの経費を肩代わりして、親しい顧客に「テンプラ契約」を頼み込んだ可能性が高い。

Aさんが取ったこの契約は、獲得から数ヵ月後に「予定どおり」融資不調で「保留」となる。つまり凍結状態だ。わかりきっていた成り行きだったにもかかわらず、Aさんは上司から激しく責められたという。

「契約が保留に落ちたのは自分のせいじゃない、担当の責任だということですごく責める。なんとかしろと。しかも人権無視のやり方。廃人になってしまうくらいの追い詰め方です」（同僚）

「なんとかしろ」と詰問する上司に対して、Aさんはひたすら「がんばります」と答えていた。

〈――なんとかしろといってもどうしようもないじゃないか。ただの腹いせ、いじめだ…〉

傍らでその光景をみていた同僚はそう思ったという。

しかも、詰問だけでことは終わらない。Aさんに対して上司は、「契約変更」というあらたな無理難題を強いたともいう。

「保留に落ちたアパート契約を、もともとの一棟数戸から一戸建てに変更したんです。変更契約です。そうすれば契約保留を回避できますから。しかし最初の計画とはまったく違う内容です。ほかの会社

はたぶんこんなことはやりません。契約変更というのが大東建託ではとても多いんです」（同僚）
架空ではじまった契約なのに、変更契約という形をとって解約させない。こんなことをすれば顧客が憤慨するのは当然だろう。会社と顧客の間で板挟みになり、Aさんは苦悩していたのではないだろうか。

同僚が自殺しても冗談が飛ぶ職場

「死ぬくらいなら辞めればよかったんだ」

Aさんの訃報が入った直後、上司がそんな言葉を口にするのを同僚のひとりは耳にした。

〈――いったい誰がAさんを追い詰めたんだ、あなたじゃないか…〉

同僚は強い怒りを覚えたという。

「さすがにまずいと思ったのでしょうか、ほかに病気があったんじゃないかと周りに言いふらしてまわっているようです。変な契約取ってたんじゃねえかとか、そんなことも言っている。融資のつかない契約だったことを知っていたくせに。責任のがれです」

心ない発言は管理職だけではない。

「八千代支店、のろわれているんじゃないかな」

「だいじょうぶですよ、わたしは魔よけのネックレスしてるんで。あはは」

ヒラ社員の間でも耳をふさぎたくなるような会話がなされた。そして、数日すると何ごともなかったかのようにＡさんの話題は職場で禁句となった。

大東建託に入る前、Ａさんは同業の東建コーポレーションに勤めていた。その東建時代の元同僚に、「大東建託は東建の何百倍もきつい」「つらい」「死にたい」と本音を漏らしている。

「辞めればいい」

父親がそう声をかけたとき、Ａさんは胸に手をあててこう答えたという。

「お客さんがいるからやめられない」

大腸がんのポリープを切る手術をした翌日に出社していたとの証言もある。まじめさがアダになったのか、あるいはやめられない事情があったのか。胸中を聞きたいところだが、残念ながらそれはもうかなわない。

新人大卒社員が社宅で自殺

八千代支店の事件から半年後の二〇一七年一一月には、赤羽支店で大卒の新人社員が自殺した。亡くなったのは二〇歳代前半の建築営業課員・Ｎさんだ。一一月二一日火曜日の朝、出勤してこないことを心配した社員らが借り上げ社宅の部屋を訪ね、縊死しているのを発見した。直前の土曜日と日曜日は出勤し、前日の月曜日は欠勤していた。元気がない様子に同僚らが心配していた矢先だった。

連日上司から責められていたからだ。

「業績が悪いなどとして、かなり叱責されていました。大東建託で言ったらふつうですが、世間ならパワハラですね」

同僚社員は証言する。

Nさんの仕事は「飛び込み営業」だった。受け持ち地域は板橋区である。朝は同じ課の営業マン七〜八人といっしょに車で目的の場所に向かい、徒歩で各戸訪問をやる。午後は、話を聞いてくれた家を再訪する。夜も脈があるところを「夜訪」する。大東建託の伝統的なやり方である。

この営業の仕事において、Nさんはあまり会社の求める成果を挙げることができなかった。見込み候補（脈のありそうな顧客）があがっていない、立地審査[※2]がとれていないと、毎日のようにことこまかに上司から難詰されていたという。

「昼、初訪からもどって叱られ、夜も怒られる。ほぼ毎日やられていました。〝目標ができていない〟と。にこにこして、なんでもはいはいという感じのいい子だった。だからよけいにやられたのではないか」（同僚）

「目標」とはこうだ。

1　初訪（飛び込みの訪問）を毎日三五件
2　再訪　七件
3　夜訪　五件

これを毎日「達成」することが求められた。ほかの社員は、なじみの客がいたりしてうまくこなした。しかしNさんは新人で要領がわからない。上司の手ほどきはなかった。同僚たちも、後輩の面倒をみる余裕はとてもない。かくしてNさんは、朝から夜まで飛び込み訪問を繰り返しては叱られる毎日を送る。一日の平均拘束時間は推定一二時間前後、例によって土日はほとんどない。

話をしなくなった

明るい性格だったが、同僚の目には秋口ごろから様子に変化が現れたという。

「スーツはしわが入り、折り目のないズボンをはいていた。髪もぼさぼさ。自分からあまり話をしなくなったんです。仕事もときどき休むようになった」

同僚は心配になったが、自身も業績に追われており、ゆっくり相談に乗る時間はなかった。

「ショックです」と沈痛な表情で同僚社員は言う。

「亡くなったのは仕事のことが原因です。間違いない。業績偏重で人命軽視、労働法規無視が本社黙認で行われているのです。一年で二人も自殺した。異常ですよ。このままだと若い命の死因が闇に葬られる可能性がある。それは納得がいきません」

二つの自殺事件を取材した後、私は大東建託にメールを送り、「職場環境の問題があるのではない

か」と質問した。いつものように回答はなかった。[※3]

＊〔二〇一七年六～一一月「マイニュースジャパン」掲載記事に加筆・修正〕

※1　第11章140頁参照。
※2　地主が所有する土地について審査をするための同意書（第2章34頁参照）。
※3　二〇一三年から二〇一四年ごろ、川口支店で二人（一人は退職直後）、高崎支店で一人が自殺したとの情報がある。

第14章

松本支店殺人未遂事件「優秀な」営業マンはなぜ破滅したのか

二〇一五年一二月二五日、大東建託松本支店の建築営業社員が顧客と家族をハンマーで激しく殴打し、瀕死の重傷を負わせる事件が起きた。二年後にはじまった公判で判明したのは、人を人と思わない冷酷で貪欲な大東建託の会社体質と、自分の生活を守るためには業績を挙げ続けるしかないのだと不正や犯罪を次々に重ね、ついには破滅してしまう、まじめで気弱な人間の姿だった。

1

伏せられた会社名

二〇一七年一一月九日の晴れた朝、長野地方裁判所松本支部二階のよく磨かれた廊下を私は歩いて

長野地方裁判所松本支部

いた。突き当りの大窓から紅葉に彩られた晩秋の松本城が見える。窓の脇の戸を開けて法廷に入ると、三〇ほどの傍聴席はすでにほとんど埋まっていた。よく利いた暖房と人いきれで蒸し暑い。

やがて法壇横の扉が開き、手錠と腰縄をつけられた男性が刑務官に連れられて入廷する。大東建託松本支店建築営業二課の元社員・城田明久氏（仮名、四五歳）だった。くたびれた黒色の背広に白いワイシャツ、青色のネクタイをつけ、弁護人の横に腰掛けた。黒ずんだ顔をやや下に向け、手を前に組んでじっとしている。表情は穏やかだ。一見ふつうの善良な中年男性にしか見えない。

私がこの事件に目をとめたのは、約二年前の二〇一六年一月にさかのぼる。大東建託の問題をブログで書いたところ、匿名の書き込みがなされた。

〈松本市 殺人未遂 城田明久（※本文は実名）検索してみて下さい。社員が地主に…〉

新聞記事を調べると、たしかに「城田明久」という人物が警察に逮捕されていた。ハンマーで人を殴った殺人未遂容疑とある。ブログの書き込みからは、どうやら大東建託の社員らしいと想像できたが、確認には手間取った。どの記事を見ても「大東建託」という言葉がなかったからだ。

私は知り合いの大東建託関係者に調査を依頼した。やはり城田氏は大東建託の社員だとわかった。ただ、事件は会社のなかでも箝口令《かんこうれい》が敷かれている模様で、詳しくは不明だという。これ以上のことを知るには公判を傍聴するしかなかった。

その公判はなかなかはじまらなかった。「公判前整理手続」と呼ばれる密室の手続きが延々と続いていた。私は毎月のように裁判所に電話をかけて問い合わせた。返ってくるのは「公判期日は未定です」という答えだった。さらに電話をかけ続け、やっと公判日程を知ることができたのは二〇一七年一〇月のことだった。事件発生からはや二年になろうとしていた。

以上のような経緯で、私はどうにか法廷にたどりついた。城田社員はなぜ顧客を襲ったのか。事件の背景はなにか。公判でのやりとりを一語たりとも聞き漏らすまいと、私は傍聴席で姿勢を正し、メモ紙とペンを構えた。

殺人未遂など六件の起訴事実

刑事公判で最初にやる手続きは起訴状朗読だ。若い検事が早口で起訴事実を読み上げる。詐欺、現住建造物損壊、窃盗、ふたたび詐欺、現住建造物等放火、殺人未遂——。

書き留める手が忙しい。起訴内容はぜんぶで六件もあった。以下整理する。

〈六件の起訴事実〉

※　事件には計五人の顧客が登場する。うち被害に遭った顧客は二人で、被害者ではないものの事件に関係のある顧客が三人いる。文中、被害者の顧客をA、Bとし、それ以外の顧客をX、Y、Zとした。

1　詐欺（その一）
二〇一四年九月一二日。顧客男性A（八五歳）に対し、アパート建設の着工時金名目だと嘘をつき、松本市の八十二銀行から七八六万円を引き出させて詐取した。詐取した金は、別の顧客Xのアパートの着工時金に使った。

2　建造物損壊
二〇一五年一月三日午前二時半ごろ、顧客A宅の便所窓枠などに、ライターオイルをしみこませた新聞紙で火をつけ、窓枠や壁をこがした。

３　窃盗

二〇一五年三月四日の午後、八十二銀行のＡＴＭで、Ａ名義の銀行キャッシュカードを使って計一〇〇万円を引き出し、窃取した。盗んだ金は別の顧客Ｙのアパート建築受注金に使った。

４　詐欺（その二）

二〇一五年八月一九日、「アパート建築の追加費用が必要」とＡに嘘をつき、八〇〇万円を別の顧客Ｚの口座に入金させた。Ｚがアパート新築の着工時金として借りた短期融資の返済資金だった。

５　現住建造物等放火

二〇一五年一二月一八日深夜、顧客Ｂ（七六歳）の木造住宅の玄関付近など三ヶ所に点火、縁側など〇・一平方メートルを焼いた。

６　殺人未遂

二〇一五年一二月二五日午後五時半ごろ、顧客Ｂの自宅で、Ｂの頭部をハンマーで数回なぐって全治七ヵ月の重傷を負わせた。またＢの妻（七三歳）と長男（四六歳）の頭や顔をなぐり、それぞれ全治二ヵ月〜三ヵ月の重傷を負わせた。

起訴状朗読に続いて罪状認否の手続きが行われた。城田被告人と弁護人は、起訴事実のうち二点をのぞいて認めた。争ったのは、Ｂさんの妻と長男を殴った際に殺意はなかったという点。それから、

Bさん宅の放火は、独立して炎上していないので既遂ではなく未遂であるという点だ。

さらに冒頭陳述に入ったが、途中までで いったん終わり、この日の初公判は閉廷した。

複雑な事件の全体像をつかむまでにはさらに何日かの傍聴取材を重ねる必要があった。検察側と弁護側の冒頭陳述、証拠説明の手続きがひととおり終わったころ、ようやく全体像が頭に入った。簡単にまとめると次のような事件である。

〈――アパート建築の契約を取り続けて業績を挙げねばならないという強い圧迫感のなかで、城田社員は融資のめどが立たない無理な契約をいくつも取り、無理な着工や、顧客も知らない架空契約といった不正を繰り返していた。そして、その都度契約金などを立て替えているうちに資金不足となり、親しくなった高齢の顧客Aさんの金を盗むようになる。被害金額は約一七〇〇万円。さらに、Aさんが新規のアパート契約をしないことに腹を立て、Aさんの家に放火してボヤを起こす。別の高齢客Bさんをめぐっては、架空契約が発端でトラブルになり、不正発覚を遅らせようとBさんの家にも火をつけてボヤを起こす。そしてその一週間後、Bさんになじられたことがきっかけで逆上し、Bさんと家人をハンマーで殴打して瀕死の重傷を負わせる〉

被害にあったのは、高齢のAさんとBさん、そしてBさんの妻と息子の四人だ。また、六件の事件に関連するアパート建築契約の数は、架空契約二件を含めて計九件。このうち六件は完工している。業績だけをみると優秀な社員のようにみえる。

〔契約・完工状況〕

・Aさん＝契約数三件（三棟）すべて完工
・Bさん＝契約数三件（三棟）一件は架空、後に解約。二棟完工
・Xさん＝契約数一件（一棟）当初の計画が中止、変更契約して完工
・Yさん＝契約数一件（一棟）架空、後に解約
・Zさん＝契約数一件（一棟）大東建託物件を建て替え、完工

裁判の山場である被告人質問は、公判七日目の二〇一七年一一月一七日からはじまった。

離婚を機に入社、パワハラの洗礼

松本城公園の広葉樹は日増しに葉が少なくなり、遠くの峰にかかる雪も増えつつあった。今日の傍聴席は空席が多い。

「それでは被告人質問です。被告人は前へ」

野澤晃一裁判長の指示で城田氏は証言台に移動する。いつものくたびれた背広と青いネクタイ姿だ。

弁護人が質問をはじめる。

「入社は二〇一一年八月一日ですね」

「はい…」

「大きな声で話してください」

「はい…」

小声ながら言葉は明瞭で聞き取りやすい。最初は入社の経緯についてだ。

――高卒後大手電機会社の子会社に入り、海外営業をやっていた。退職して前妻の経営する飲食店を手伝うようになった。その妻と離婚することになり、何か仕事をしなければと入社したのが大東建託だった。松本支店に配属され、建築営業のセールスマンとなった。

大東建託松本支店

そんなやりとりに続いて、質問が労働環境のことになる。

「土日は休めた？」

「結婚（再婚）してからは、いろいろ理由をつけて休んだ。土日のうち最低どちらかは休むように心がけた。入社当時は休みはなかった」

「入社時はどんなことを言われた？」

「一本契約取るまでは休みが取れると思うな」

「最初にやれと言われたことは？」

「会社のシステムを覚えろ、それから歩いて地主の顔を覚えろ。イコール契約を取れということです。朝礼後全員で飛び込み営業をする（初訪）。昼食べたあと再訪。夜の夜訪…」

「飛び込み営業をやっている時間帯は？」

「朝七時に出社して、午前一二時から午前二時三時まで」

「午前二時や三時まで飛び込みをやっている？」

「はい。二四時間飛び込みやれという（電話の）指示です。家に帰る途中に飛び込めるところがあれば行け。コンビニ、警察、消防。二四時間やっているところがあるだろう…」

「誰が指示をする？」

「M課長です」

朝七時から深夜二時三時まで、日に一六～一七時間も働き、土日もなかった。そんな過酷な環境に加えて、パワーハラスメントもあったと城田氏は証言した。入社してまもないある日、顧客を訪問するため、課長を助手席に乗せて社用車を運転していた。その際、道を一本間違えたことでひどく叱責されたという。弁護人が尋ねる。

「道を間違えたことを、あなたは課長に謝りましたか」

「はい。すみません、間違ったのでUターンします、と謝りました。でも課長は激怒して大変でした」

「どんな様子でしたか?」

「助手席でダッシュボードをけりあげた。建築営業の時給をいくらだと思っているのか、と…」

「叱責はどのくらいつづきましたか?」

「一〇分くらい。ダッシュボードをけったりなぐったりしていました」

「その様子を見てあなたはどう思った?」

「謝って運転していましたが、途中でいやになって停まってエンジンを切った。そして、ついていけないので辞めさせてください、と言いました」

助手席で荒れる課長の姿を見ていったんは退社しようと考えた城田氏だが、思いなおして勤務を続ける決心をする。そして要求されるノルマを達成すべく仕事に励む。「ノルマ」に関する城田氏の証言――。

〈ノルマには「契約のノルマ」と「プロセスのノルマ」がある。「契約のノルマ」は毎月挙績（アパート建築の契約獲得）をとれというものだ。これとは別に「八六四三《はちろくよんさん》」と称される「プロセスのノルマ」がある。「立地審査」を月八本、「家賃審査」月六本、「プラン提示」月四本、「最終業績」を月三本とれという意味だ。入社当時の二〇一一年ごろは、もっぱら「プロセスのノルマ」がきつかったが、近年は「契約のノルマ」がきつい。二ヵ月間契約が取れないと「無実績者」、三ヵ月ないと「長期無実績者」（チョーム）の烙印を押され、厳しい指導を受ける。「チョーム」者は社用車や携帯電話のGPS位置検索装置によって上司に二四時間監視される。私（城田）は「チョーム」になったことはないが、「二四時間三六五日、課長の電話にでろ」と若い課長に命令されたことはある〉（要旨）

何人もの大東建託の社員・元社員から話を聞いてきた私は、この会社ではこれがごく日常的な光景であることを知っている。だが裁判官や裁判員はどう思っているのだろうか。そんなことを考えながら傍聴を続けた。

軍隊式教育と鬼一〇則

弁護人の質問のなかで「管理者養成学校」という言葉がでた。課長や支店長が受けさせられる合宿形式の軍隊教育である。この「学校」から帰った課長の変貌ぶりについて弁護人が城田氏に尋ねる。

「研修後、課長の態度で変わったことは？」

「若い課長で、入校前からしっかりしていたが、帰ってきて軍隊のようなしゃべりかたになっていた」

「どんな？」

「朝のあいさつで、直立不動でみながびっくりするような大声で、入ります！　と入ってきた。大声で歌も歌った。とてもびっくりした」

続いて大東鬼一〇則の話になった。弁護人が聞く。

「鬼一〇則、いま言えますか？」

「…取り組んだら放すな。殺されても放すな、目的完遂までは」

「どこで覚えさせられた？」

「朝の初訪の車の中です」

過酷な業績主義と軍隊式の洗脳教育で精神の均衡を崩す例もめずらしくなかったという。弁護人の質問――。

「松本支店で精神的におかしくなった人はいる？」

「私が入社する前のことですが、課長がノイローゼになってパジャマ姿で出社したと聞いた。直接見たことがあるのは、五五歳くらいの担当（建築営業のヒラ社員）が三〇歳くらいの課長に皆の前で叱責され、土下座した」

弁護人の質問のテーマが不正のことになった。

「立地審査で不正を見聞きしたことは？」

「あります」

「どういう？」

「ノルマ達成のために実在しない人の名前を書いて会社に提出するというのを見たことはあります。入社当時は契約よりも立地審査の数を重要視していましたから。夜中になって課長が個人的に電話をかけてきて、どんな客がいるんだ。説明すると、それはリッチだなと。立地審査の同意書を偽造する。客のはんこは一〇〇円ショップで買う。当時、営業担当は山のようにはんこを持っていました」

「支店長もうすうすわかっていた？」

「ふつうに考えれば知っていたと思う」

劣悪な労働環境に耐えて城田氏はノルマを達成すべく努力する。しかしそのかい薄く、当初は売れない営業マンだったという。

「入社四ヵ月でやっと一本。半年に一本取れるかどうか。そんな状態が二年ちかくつづきました」

淡々とした口調で城田氏は答えた。

2

「松本支店のエース」

「売れない」営業マンだった城田氏にとっての転機は、入社二年を過ぎてから訪れた。二〇一三年の暮れ、Ａさんという農業を営む八五歳の男性と懇意になり、たて続けに二棟の契約を獲得、後にもう一棟の計三棟を受注する。そしてすべて完工した。

〈Aさんのアパート建築受注状況〉

・一棟目（四戸）二〇一三年一二月契約、工費四〇〇〇万円（二〇一四年八月完工）
・二棟目（四戸）二〇一三年一二月契約、工費四〇〇〇万円（二〇一五年二月完工）
・三棟目（二戸）二〇一四年一一月契約、工費二〇〇〇万円（二〇一五年六月完工）

※工費は概算

また、Aさん以外の顧客とも受注を連発し、城田氏はたちまち主任に昇格する。

一見すると順風満帆である。しかし、後に詳しく述べるとおり、「好業績」の実態は、その多くが自作自演の虚構だった。

最初の犯罪（173頁・起訴事実の1）は、二〇一四年九月一二日、Aさんの一棟目が完成した一ヵ月後に実行された。「追加の工事費用が必要だ」とAさんに嘘をつき、車で八十二銀行に連れていって七八六万円を出金させ、受け取った。だまし取った七八六万円は、別の顧客であるXさんの着工時金として会社に入金する。

なぜ、そんなことをしたのか。動機を理解するには、Xさんの契約状況を見る必要がある。

Xさんは城田氏が担当する顧客で、二〇一四年二月にアパート建築契約を結んだ。しかし設計上の問題で頓挫する。城田氏は、設計変更をしてなおも進めようとしたが、今度は金融機関から融資を断わられてしまう。そこで、資金不足を現金で補って工事を進めようとＡさんの金を盗んだというわけだ。

Ｘさんのアパート計画とは具体的にどんなものだったのか、弁護人が城田氏に聞く。

「Ｘさんにどういうプラン（計画）を提案した？」

「土地が狭いので、そこには一棟四戸のアパートだけをつくって、自宅横の空き店舗を壊して駐車場にする案を出した。Ｘさんは納得して契約した」

「しかし問題が起きたんですね？」

「はい。進入路の幅が一・八メートルしかないことがわかった。建築基準法では二メートル必要です」

「それでどうした？」

「（進入路拡幅に必要な用地を）売ってもらおうと隣人にお願いした。最初は快くＯＫしてくれた。しかし契約一ヵ月後、売らないとなった」

「それによってどういう障害が発生した？」

「プランは不可能になりました」

「Ｘさんの反応は？」

「近所の人に（道路用地の売却を）断られたことで気落ちして、乗り気じゃなかった」

「そこで第二案（縮小案）を進めようとした。しかし問題がおきた？」

「はい。四戸が二戸になったことで融資が難しくなった。Xさんはだいぶ悩んでいた。そうするうちに八月になった。このままいくと契約が保留になるおそれがあった」

契約書には融資不調（融資を断られること）の場合は解約できるとの条項が入っている。Xさんにしてみれば、融資ができなければアパートをやる必要はなかったはずだ。しかし解約を恐れた城田氏は「融資はつく」と嘘をつき、変更契約に応じるよう勧める。融資はつくという城田社員の言葉を信じたXさんは、変更契約書に署名・捺印する。総工費二七〇〇万円の契約だった。

さらに弁護人が尋ねる。

「解約になれば業績が落ちる。営業成績が悪いとどうなった？」

「半年で五本あげた営業マンが、ふたをあけたら成績落とすのね、と支店内で見られるのがいやだった。支店長も期待している。なんとかしなきゃと思った」

「融資はうまくいった？」

「解体工事がはじまりそうなのでいろいろやった（融資を申し込んでみた）。しかし融資は無理だった」

「それでAさんの金を使おうと？」

「はい」

融資のめどが立たないのに工事の手続きを進め、着工時期が迫って工事代金を入金しなければいけなくなった。それがAさんから七八六万円をだまし取った動機だった。そして、Xさんの工事を強引に進めるために使った金はまだほかにもあるという。弁護人の質問が続く。

「費用の立て替えはした？」

「注文時金の三〇万円は立て替えました」

「そういうのは大東建託ではよくあることですか？」

「はっきりとは言えないが、噂ではあります」

「売れている営業マンはやっている？」

「ざらだと思う」

「なぜそう思う？」

「インセンティブ（歩合給）が入れば三〇万円くらいは…というのは私でもわかる」

城田氏はさらに、工事代金の一部である「建方完了時金」二〇〇万円も立て替えていたことを、被告人質問のなかで明らかにした。この金はＡさんに借りて用立てし、後に返したという。

一転消極的になったＡさんを逆恨み

二〇一五年一月三日未明、正月休暇のさなかに城田氏はふたつ目の犯罪を行う。顧客Ａさんの自宅に火をつけたのだ（173頁・起訴事実の２）。自然鎮火したために、幸い大事にはいたらなかった。

事件当時の様子について、被害にあったＡさんは次のように供述している。

〈放火に関する被害者Aさんの供述〉

二〇一五年一月二日は二男が妻や子どもといっしょに訪ねてきた。彼らが帰ったあとの夜中、目がさめて便所にいったら焦げ臭いにおいに気づいた。煙がこもっていた。便所に入ると窓枠のあたりが焦げていた。

朝になって廊下にでると、霧の日の朝のように煙がこもっていて、玄関の下駄箱などが焦げていた。火は出ていなかった。造花を入れていた花瓶が焦げて割れていた。城田がやったと聞いた。仕事の面ではアドバイスしてくれたり、いろいろ一生懸命やってくれたので、まさかとおもった。どうして火をつけようという気になったのか不思議です。

検察官の冒頭陳述によれば、犯行の経緯は以下のとおりである。

〈検察官冒頭陳述要旨〉

すでに三棟のアパートを建てていた顧客Aに対し、城田は二〇一四年一一月ごろ、「四棟目」の計画を打診した。好感触を得たのでその旨上司に伝えた。しかし一二月末にA宅を訪問した際には、「四棟目はやらない」と断られた。実現可能だと考えていた城田は怒りをおぼえ、火をつけることを考えた。二〇一五年一月三日午前二時ごろ、A宅玄関の郵便受けや小便所高窓にライターの灯油をぬった新聞を点火して置き、周囲を炭化させた。

顧客がアパートをやりたくないと言ったから家に火をつけるというのは尋常ではない。被告人質問のやりとりに私は耳を傾けた。弁護人が質問する。

「二〇一四年一一月、Ａさんに四棟目の話をしました」

「はい」

「反応はどうだった？」

「Ａさんが所有する土地がまだあった。いちばんの稼ぎ頭の土地。駐車場として家具店に貸している。その土地についてＡさんは、（家具店から）駐車場の賃料を下げてくれと言われた、と繰り返し言っていた。はっきりアパート（をやりたい）とは言わないが、自分が死んだときのことについてきまりをつけておきたい、と独特の言い方をした」

「きまりをつける、とは？」

「きまりをつけてくれと私に言うのはアパートを建ててくれということですよと、そう言ったらニヤニヤ笑っていた。まあ建ててもらえると正直思いました」

「ノルマはきつかった？」

「入社当時よりも契約のノルマがきつかった」

「頭には常にノルマのことがあった？」

「はい」

「それからどうなった？」

「しかし、一二月末にAさんに意向を確認したら、そんな話はしていない、と言った」

「それを聞いてどう思った？」

「ぜんぜん話がちがう。一ヵ月かけてつくりこんだ資料が無駄になったと…」

「頭にきた？」

「呆然とする感じです」

「Aさん宅に火をつける前日（二〇一五年一月二日）は何をした？」

「自宅で酒を飲んだ」

「どのくらい飲んだ？」

「覚えていない。事件を起こしたあと、トイレで吐いた※1」

（中略）

「Y支店長のことが頭にあった？」

「はい。朝いちで（Aさんが四棟目をやりたくないと言っている件を）報告しなきゃいけない。正月からぶち切れるだろうと…」

「ぶち切れる」という状況がどういうものか、具体的な言及はなかった。しかし、いくら支店長が不機嫌になったとしても、なぜ「Aさんは四棟目を建てないと言っている。無理です」と正直に報告できなかったのだろうか。そんなに面倒な人物なのか。傍聴席で聞きながら私は釈然としなかった。
この疑問点を検事が反対尋問で追及した。

検事　（支店長に報告できなかったのは、支店長の）気分を害するからか？

城田　それもあるが、どっかで「そのうちに建ててもらえる、いまはだめだが」というのがあった。

検事　火をつけたのはなぜ？

城田　一月三日は支店長同行でＡさん宅を訪ねる約束があった。それを先延ばしにしたいというのと、（心がわりに対する）腹立ちがあった。Ａさんが「やらない」と支店長に言うのを恐れた。

なぜ支店長をそんなに恐れるのか、私にはまだよくわからない。
放火は不審火として迷宮入りした。そしてこの騒ぎにより、城田氏が願ったとおり「支店長のＡさん宅訪問」は中止される。四棟目の話も立ち消えとなった。

「キャッシュカード一〇〇万円窃盗事件」

Ａさん宅放火事件から二ヵ月後が過ぎた二〇一五年三月、城田氏は三つ目の犯罪を行う（174頁・起訴事実の3）。狙ったのは今度もＡさんだ。Ａさん名義のキャッシュカードを悪用して一〇〇万円を盗む。盗んだ金を別の顧客Yさんの契約金に流用した。

検察の冒頭陳述によれば、経緯はこうだ。

〔検察官冒頭陳述要旨〕

二〇一五年三月上旬、城田は「営業成績をあげるためにはアパート契約の獲得が必要だ」と考えていたが、見込み客がなかった。そこでY名義で四七〇〇万円のアパート建築請負契約書を偽造する。Yはすでにアパート二棟を建てている大東建託の顧客で、城田が前任者から担当を引き継いでいた。架空契約を完了させるには契約金九七万円を会社に納める必要があった。城田は金を持っていなかったので、顧客のAに「工事代金が必要だ」と嘘を言ってだまし、A名義の銀行口座に一五〇万円を入金させたうえで、城田が密かに持っていた同口座のキャッシュカードで二回にわけて計一〇〇万円を引き出して盗んだ。盗んだ金のうち九七万円を、Y名義の架空契約の契約金として、二回（三〇万円と六七万円）にわけて大東建託に入金する。その後一〇月三〇日、城田はこの架空契約を解約した。解約にともなって六七万円が大東建託からYの銀行口座に返却されたが、城田はYに「誤入金だ」と嘘をついて六七万円を受け取った。この金はAに返していない。

被告人質問で、架空契約をしたいきさつについて弁護人がただす。

「Yさんとの契約はないのに嘘（架空契約）の報告をした。なぜですか？」

「その年の期末（三月末）に、営業マンは業績をあげないといけない。私のなかで、R支店長が三月末で転勤する。直属の上司を送り出すのに、私もいるのに無実績はないよねと思った」

「架空契約した後はどうしようと？」

「R支店長が転勤したらキャンセルするしかないと思い、架空契約した」

「契約するにはお金を入れないといけない」

「はい」

「いくら必要だった？」

「注文時金が三〇万円、契約時金が五〇万円くらい」

「どうやって調達した？」

「私は借金地獄でどうしようもなかったのでAさんからだましとった」

やりとりを聞きながら、私は「餞別《せんべつ》契約」という言葉を思い出した。転勤する上司のために餞別がわりに契約を「献上する」習慣のことだ（第13章参照）。城田氏が話したのはまさにそれだった。転勤するR支店長への餞別として架空契約をしたという。

八五歳のAさんはキャッシュカードの使い方を知らなかった。銀行での手続きも城田氏に頼り切りだった。その弱みに容赦なくつけこんだ。Aさんのキャッシュカードをなぜ城田氏が持ち、暗証番号まで知っていたかについては、検察官の反対尋問で明らかになった。

検事　なぜAさんのカードを持っていたのか？

城田　Aさんが八十二銀行で口座・カードをつくったときに同行した。口座をつくるときは席をはずしていたのでわからなかった。後日、Aさんから電話がきた。「わけのわからないの（郵便物）が銀行からきた」と言った。キャッシュカードだと説明したが理解してもらえなかった。さらに後日訪問したときにも「（カードを）どうすりゃいいんだ。おれは使わないよ」と言った。じゃ「私が息子さんに渡す」と言って預かり、鞄に入れた。そのまま失念した。

検事　暗証番号はどうやって知ったのか？

城田　カードの入った封筒のなかに付箋がはってあってそこに書いていた。

立件された一〇〇万円以外にも、Aさんのカードを悪用して城田氏が使い込んだ金があることも反対尋問のなかで判明した。三〇回計二三〇万円。城田氏の貯金はゼロ、サラ金や親族に数百万円の借金をかかえており、生活費をAさんのキャッシュカードに頼るような窮状だった。

残債務のあるアパート建て替え強行で詐欺

二〇一五年夏、城田氏は四件目の犯罪を実行する。Zさんという顧客のアパート建て直しの工事代金の不足分を補うため、八〇〇万円をAさんからだまし取った（174頁・起訴事実の4）。

検察官の冒頭陳述によれば事件の概要はこうだ。

〈検察官冒頭陳述要旨〉

二〇一四年九月三一日、城田は顧客Zとの間でアパート契約を取った。築一二年になる大東建託のアパートを解体し、新しいアパートを建てるという内容だ。この築一二年のアパートには銀行の抵当権がついており、残債務が一五〇〇万円あった。解体するには債務を返済して抵当権を抹消する必要がある。城田が銀行に融資の相談をしたところ、アパート本体に対する融資約四〇〇〇万円はきまりそうだが、残債務分については断られた。しかし城田は「融資はすぐにでる」とZに嘘をつき、「一五〇〇万円を用意してほしい」と金策を頼む。Zは城田の話を信じて、保険を担保にして六四〇〇万円をJAから短期返済を条件に借り、自己資金と合わせて一五〇〇万円を調達、残債務を完済して抵当権を抹消した。JAの返済期限は一ヵ月後。返済期日が近づき、六四〇〇万円を工面する必要性に迫られた城田は、Aから金をだまし取ることを計画、「追加工事費が八〇〇万円必要になった」とAに嘘をつき、「工事業者だ」と偽ったZの口座に八〇〇万円を送金させた。事情を知らないZは、この金をつかって同日、JAに六四〇〇万円を返済した。

Zさんが建て直すことにしたのは築一二年のアパートだ。建て直すには新しすぎるようにみえる。どういうことかと考えながら、私は傍聴席で耳を澄ませた。弁護人が聞く。

「なぜ建て直すことにしたのか」

「…（Zさんの自宅に）通って食事をいただきながら話を聞くと、（大東建託で）最初建てたアパート二棟はまもなく返済が終わるということだった。もともと相続税対策だったので、残債務が減ると節税効果が減る。新しい資産が入ってくるなどの情報もあったので、相続税対策でもう一棟やりますか、という話になった。ただ残債務の整理がひっかかった」

「債務整理の金（一五〇〇万円）はめどがたった？」

「契約を決めるタイミングでは交渉中、最終的にNG（不調）だった」

「あきらめることは考えた？」

「また売れない営業マンに逆戻りになるのは嫌だったので、あきらめなかった」

「契約が取れないと長期無実績者になる？」

「間違いない」

相続税対策として建て替えたほうが得だという城田氏の提案に、Zさんは一度は乗り気になったものの、残債務を整理する段で融資不調で行き詰まった。これは当然予想できた展開だろう。だが、ここで城田氏がとったのは、あくまで強引に計画を進めるという道だった。弁護人の質問が続く。

「で、どうした？」

「おそらく預貯金が一五〇〇万円くらいあるんじゃないかと思っていた。それでなんとか消してもらえるんじゃないかという甘い考えだった」

「最終的にどうなった?」

「(ほかの)新規の案件ばかりやっているうちに着工のリミットが迫ってきた。そこでZさんにお願いした。――なんとか一五〇〇万円集めてもらえないか」

(中略)

「それが(Aさんから八〇〇万円をだまし取る)詐欺事件につながる」

「はい。けっきょく私がその案件をかたづけられず、土壇場でどうしようもならなくなった。詐欺という一番身近な方法をとってしまった…」

Xさんのときと同様に、Zさんの契約に対しても、自分の金を入れたと城田氏は証言した。注文時金と着工時金で、ざっと三〇〇万円。「サラ金や妹に借りた」という。


被告人質問がひとくぎりついた。私はこわばった体を伸ばして頭を整理する。

売れない営業マンから「支店のエース」にしてくれた上客のAさんを、城田氏はとことん食い物にした。結果として「業績」はあがったものの何百万円もの借金が残った。Aさんから盗んだ金額は、起訴されているだけで約一七〇〇万円。それ以外のものを含めれば二〇〇〇万円に達する。これだけでも社長が引責辞任するような話ではないのだろうか。

検察官の反対尋問がはじまった。Aさんは城田氏を信頼していたという。そのAさんは公判開始前に死去した。検事がそのことを告げた。城田氏は「え」と声を発したきり、言葉を失ってうなだれた。

3

業績を挙げ続けたあげくの破滅

不正と犯罪を重ね、借金も抱えた状態で、城田氏は二〇一五年の暮れを迎える。入社後五回目になる年の瀬だった。そしてクリスマスの日、ハンマーで顧客と家族を殴打するという凶悪事件を起こす。被害者はBさんという七六歳の顧客と彼の家族だった（174頁、起訴事実の5、6）。

検察側冒頭陳述にしたがって概略をみてみよう。

〔検察官冒頭陳述要旨〕

二〇一五年四月、業績を挙げ続けなければならないと焦った城田は、得意客Bの名義を勝手に使ってアパート新築の架空契約書を偽造する。Bはすでに二棟を受注・着工していたが、三棟目については まったく契約した覚えがなかった。予定地は自宅近くのブドウ畑。城田はいずれ解約するつもりだったが、ブドウ畑の樹木を工事業者が伐採、整地してしまったためにBが激怒し、トラブルになる。城田はBをなだめるが怒りは収まらず、支店長を連れてくるよう要求した。架空契約の不正が発覚することを恐れた城田は、家に火をつけて騒ぎを起こせば支店長を連れていかずに済むと考え、放火を実行する。幸いボヤで収まったが、支店長を連れていかなければならないという状況は変わらず、不正発覚は時間の問題となった。そして一二月二五日の夕刻、「お前らは地主の蜜に群がるシロアリだ」とBに罵倒されて逆上、ハンマーで激しく殴打する。さらに妻と息子もハンマーで襲い、社用車で逃走、警察官に緊急逮捕される。

Bさんとの契約状況と事件の経緯を整理しよう。

〈Bさんの契約状況〉

・一棟目　二〇一三年二月二八日契約、一〇月完成
・二棟目　二〇一五年二月一四日契約（架空契約だったがBさんが事後承諾）、一二月二二日完成
・三棟目　二〇一五年四月一八日契約（架空契約、Bさんが知らないうちに一部着工）、城田氏逮捕に伴って解約

三件三棟の契約のうち二件が架空契約である。このうち二棟目はBさんが事後に承諾したために完工した。しかし三棟目の架空契約のほうは、Bさんとの間でトラブルになり、事件の引き金となった。

「三棟目の架空契約」

まずBさんとの契約状況について弁護人が質問する。

「一棟目はスムーズにいった？」

「そうです。融資もご主人が積極的にやって。問題なく進んだ」

「二棟目の（架空）契約はどういう経緯でやった？」

「契約は、私が先走って勝手にやった。二〇一五年二月ごろ、大東（建託）のお客様歓待会があった。はじめて出ていただいた。帰りにご主人が、相続税対策が必要なのでもうひとつ考えたい、と言った。支店長の前でそう言った」

「二棟目は問題のブドウ畑の近く？」

「はい」

やりとりを聞きながら、私は「先走って勝手にやった」という言い方にひっかかった。顧客の意向をよく聞いて慎重に案を練ることはできなかったのだろうか。

結局、この二棟目の架空契約はBさんが事後承諾したことで問題にならなかった。融資も決まって着工にこぎつける。運がよかったと感謝すべきなのに、城田氏は懲りずに「三棟目」の契約を偽造する。モラルもなにもあったものではない。予定地は二棟目の横のブドウ畑だった。

三棟目について弁護人が尋ねる。

「(ブドウ畑に計画した)三棟目はどちらから持ちかけた?」

「完全に私の先走りです」

「Bさんに話すつもりだった?」

「後々には…」

「架空契約書を会社に提出したのはいつ?」

「(二〇一五年)四月です」

「なぜ四月に?」

「三月に支店長が転勤でいなくなった。そして新しい支店長が四月から赴任した。そのなかで、当時は、私は建築営業一課だったんじゃないかと思いますが、エースの私がやらなきゃという状況だった」

「契約時金はいくら?」

「一〇〇万円前後だと思う」

「どこから調達した?」

「その当時入った歩合と、借金です」

「どこからの借金?」

「きょうだいとか…金融機関からはもう借りれない、めいっぱい借りていたので」

ペンを走らせながら私は思わずうなった。「餞別契約」ならぬ、これは「祝儀契約」ではないか。

新任支店長のために契約をでっちあげた。そのために経費の一〇〇万円を借金で工面した。いったいなぜそこまで支店長に尽くすのだろうか。恐れているのか、好きなのか、よくわからなくなってきた。

弁護人がただす。

「新しい支店長がくると契約を取らなきゃ、とは？」

「二ヵ月にいっぺん、支店が数字をほしがっているときにやるのがエースでしょ、という感覚があった。課長との約束で『二ヵ月に一度数字をだせば何も言わない。自由にしてやる。好きにしていい』という話をしていた」

「（三棟目の）架空契約をやったのは『二ヵ月に一度』のタイミングだった？」

「本当は四月は飛ばしてもよかったのだが、新しい支店長がきて『だれがやるの』という中でやった。途中で解約するつもりだった」

「（解約は）いつやるつもりだった？」

「考えてなかった」

私の耳に「自由」という言葉が残った。数字を出せば自由にしてやる――城田氏が犯罪を繰り返したのは、もしかして「自由」のためだったのか。

地主との蜜月の破綻

続く弁護人とのやりとりで、Bさんの人柄について城田氏は「いい人だった」と証言した。ブドウをもらったこともあるという。しかしこの親密な人間関係も、やがて壊れる。

二〇一五年一一月某日、三棟目の予定地だったブドウ畑に工事業者が入り、樹木をすべて伐採し、整地してしまう。突然ブドウ畑をつぶされたBさんの驚愕は想像にあまりある。なぜそんな事態になったのかは判然としない。城田氏は知らなかったとされるが、担当者として本当に工事を予測できなかったのか、私は釈然としなかった。

ブドウ畑が伐採された直後の様子について、弁護人が城田氏に尋ねる。

「Bさんから抗議の電話があった?」

「はい。その日のうちに自宅に行った。土下座して謝った」

「Bさんは許してくれた?」

「その場では結論がでなかった。私は（ブドウ畑を）なんとか修復すると言った」

栽培に何年もかかる果樹を切っておいて、「なんとか修復する」とはひどい話である。修復などできるはずがない。口からでまかせを言ってごまかそうとしたのだろう。

それにしてもわからないのは、三棟目の計画には融資がついておらず、工事代金の入金もない。それなのになぜ整地工事がはじまってしまったのか。弁護人がそこを聞く。

「融資がつかないのに、なぜ整地工事ができたのか？」

「（融資を）農協で頼んでいるとか（適当に会社に）言って、のらりくらりしていた」

城田氏はそう答えた。融資は交渉中だなどとごまかしながら計画が進まないように先延ばしを試みていたということらしい。それであればなおさら、入金前に着工ができた理由が私にはわからなかった。コンプライアンスも何もあったものじゃない、めちゃくちゃな会社ではないか。※2

失敗した放火作戦

ブドウ畑の一件によってBさんは城田氏を強く疑いはじめる。信用失墜を城田氏は恐れた。Bさんの信頼を失えば、架空契約などの不正が発覚する。会社をクビになる。犯罪も発覚する。

そうした事態を避けようと、城田氏は放火を実行する。弁護人が動機をただす。

「なぜ放火を考えた？」

「どうしようもない状況のなかで、すべて（の予定）を後にずらすことはできないか考えた」

（中略）

「しかし、（放火によっても）二棟目引き渡しの先延ばしはできなかった？」

「はい。結局は何もなく引き渡しになった」

かくして今度の「放火作戦」は失敗した。一週間後の一二月二四日、状況を決定的に悪くする事態が起きる。問題のブドウ畑に工事業者が重機を乗り入れ、地面を固める工事をしてしまったのだ。当然のことながら、Ｂさんは怒り心頭に発する。「おかしい。やっていることと言っていることが逆じゃないか」と電話で城田社員に抗議する。

弁護人が城田氏に尋ねる。

「(抗議の電話に対して）なんて答えた?」

「すぐ行きますと」

「Ｂさんの答えは?」

「こなくていいよと。それでも行かなきゃと」

「それで行った?」

「はい。すみません、とひたすら謝った。元どおりにします、と。無理なことはわかっていたが、嘘でもいいから言った」

「Ｂさんは納得できない?」

「はい。支店長を連れてこいと言った」

「そのことを支店長には言わなかった?」

「はい」

「なぜ?」

「話したら懲戒解雇になる。職を失う。家族を養えない」

「支店長を連れてくるとBさんに約束した？」

「はい。（一二月）二五日に連れてくると言った」

二〇一五年一二月二五日、奇しくもクリスマスが運命の日となった。約束した時間は午後六時ごろ。この約束時間の直前に、城田氏はホームセンターに立ち寄り、釘を打つハンマーと工事現場で使うスコップ、手袋を買った。

弁護人が質問する。

「…ハンマー、ショベル、手袋を買ったのはなぜ？」

「Bさんに許しを乞うため。ブドウ畑を元に戻せと何度も言われていた。少しでも誠意をみせたい。整地した地面は固くてどうしようもない。大きなスコップでがんがんやらないと無理だと思った。形だけでもきっちりやらないと謝意が伝わらないと思った」

「ハンマーはなぜ？」

「…（地面が固いので）何かで叩かないといけないと思った」

「殺傷につかうとは？」

「考えていない」

伐採して跡形もなく地固めたしたブドウ畑を、ハンマーとスコップでどうしようというのか。やっていることが支離滅裂だ。そう思いながら私は傍聴を続けた。

地主の腕にすがって懇願した

城田氏が社用車でBさん宅に着いたのは午後五時ごろだった。Bさんは外出中だった。そこで問題のブドウ畑に行って土を掘り返してみたという。

そのときの様子を弁護人が聞く。

「Bさんの畑でやって（掘って）みた？」

「はい。でも大きなスコップは役にたたなかった。買ってきたハンマーと、もともと持っていた小さなスコップで掘ってみた。固くて少し崩れただけだった。ツルハシがないと無理だとわかった」

土を崩す作業はすぐにあきらめたらしい。本気でなかったようにもみえる。次にとった行動がまた意味不明だ。自宅玄関の呼び鈴を鳴らしている。供述調書には、Bさんの妻に危害を加えて騒ぎを起こし、支店長に会うどころじゃないようにしたかったともある。この辺の事情ははっきりわからない。

城田氏が呼び鈴を鳴らしたとき、家の中には妻と息子がいた。しかし反応はなかった。城田氏は畑に戻りBさんの帰りを待つ。三〇分ほどたった午後五時半、Bさんが車で帰ってくる。

弁護人が質問する。

「あなたはどうした？」

「走って会いにいった。道ばたにおいていたスコップとハンマーを手にして、ひざを地面について、『申し訳ありませんでした、私がなんとかします。時間をください。かならず元に戻しますので』と話した」

「Bさんはなんと？」

「そんなの人力じゃ無理だろう、としゃがんで言った。私は、そこをなんとか、と…」

（中略）

「Bさんの様子は変わった？」

「だんだんエキサイトしてきて『お前はもういいんだ。お前はいらないから支店長をよこせ。あとは支店長と話すから』と言った」

「あなたはどうした？」

「私にBさんの腕にしがみついて、なんとか許してもらえませんか、と言った」

「許してくれた？」

「いいえ、腕をふりほどいて歩いていった。そして、振り向きざまにこう言った。『しょせんお前らみたいな大東建託というのは、地主の蜜に群がるシロアリなんだ』と」

「そしてどうなった？」

「その瞬間、気持ちが爆発した。地面においていたハンマーでご主人の後頭部の下あたりに一発いれてしまった」

「どんな感触だった？」

「特段覚えていない」

「どう思った？」

「もう、とんでもないことをしたと…どうしようと…頭が真っ白になった」

「Ｂさんは？」

「ご主人はハンマーを奪おうとした。もみあいになった。また殴った」

「何発くらい？」

「何発かは覚えていない」

　Ｂさんは地面に倒れて動かなくなった。その肩を城田氏は長靴で蹴る。さらに血のついたハンマーを持ったまま自宅にあがり、台所にいた妻を襲う。止めに入った長男も襲う。血まみれになり瀕死の三人を残して社用車で逃走する。まもなくパトカーに停車させられて職務質問される。車内から血のついたハンマーが見つかり、緊急逮捕される。

「会社のノルマから解放された一種の解放感があります」

　逮捕直後、城田氏は警察官にそう供述している。Ｂさんは、後遺症が残ったものの命は助かった。妻と長男も重傷を負いながらも助かった。死者が出なかったのは奇跡的というほかない。

「家族のために」

　給料は、多いときで月に約一〇〇〇万円もあったという。しかし、四年あまりの大東建託勤務の結果、四〇〇万円の借金と何千万円単位の被害者に対する賠償責任が残った。辞めたい気持ちがあったにもかかわず、会社に残る決心をしたのはなぜか。裁判官が尋ねる。

裁判官　なぜ辞めなかったのか。

城田　いろいろある。がんばればなんとかなる、と当初は思った。最後はしがみついて家族のために…。

裁判官　辞めてほかの会社にいくことは考えなかった？

城田　わかりません。

裁判官　大東建託という会社をどう思う？

城田　とんでもないところだと思ったが、その瞬間いい思いをしたこともある。いい人もいた。

裁判官　不正に麻痺していった？

城田　周りをみて、そういうものかなと。慣れていったのも事実です。

会社を辞めなかったのは家族のためだと城田氏は証言した。だが本当にそうだろうか。事件による家族の苦悩は想像を絶するものがある。家族が大事ならこんな事件を起こすはずがなかろう。ただ、ダメ社員の烙印を押されたくなかっただけではないのか。

城田氏の少し丸くなった背中を傍聴席から見ながら、私は首を傾げた。

懲役一九年

二〇一七年一一月三〇日の夕方、西日が弱くなりはじめた長野地裁松本支部二階の通い慣れた法廷で、判決公判が開かれようとしていた。廊下の窓から見える松本城公園の広葉樹は、葉がすっかり落ちている。遠くの高嶺にかかる雪の量も、初公判のころに比べるとだいぶ増えた。

検察は懲役二〇年を求刑している。一方、弁護側の求刑は同一二年。

傍聴席がすべて埋まるのは久しぶりである。城田氏はいつもの背広と青いネクタイをつけている。やがて裁判官と裁判員が入廷し、開廷した。判決を下すのは、野澤晃一裁判長、土山雅史、高島由美子各陪席裁判官と裁判員六人である。連日の開廷で表情に疲れがみえる。

「それでは判決を言い渡します」と前置きをして、野澤裁判長が事務的な口調で主文を言い渡した。

「被告人を懲役一九年に処す」

ほぼ検察側求刑どおりだった。六件の起訴事実のうち、弁護側が「殺意はなかった」「放火は未遂である」として争った部分はいずれも退けた。

主文に続いて判決理由が早口で告げられた。――動機については「成績を挙げるための身勝手な犯行」と断罪した。「大東建託での劣悪な職場環境が背景にある」と弁護側が情状酌量を求めた点も「特段酌むべき事情はない」と一蹴した。

支店長のために、業績のために、会社のために、全財産と人生を犠牲にした男に対して、裁判所は冷淡だった。少なくとも私にはそう感じられた。

半時間足らずで閉廷した。がやがやと傍聴人や関係者が退廷していく。数人の若い検察官たちも紺色の風呂敷に記録を包みこむと出ていった。仕事が終わって安堵したのだろう、新人らしい若い女性検事が歯をみせて笑っている。

翌一二月一日の新聞各紙の記事をみると、すべて「大東建託」の名前が匿名になっていた。大東建託のホームページを確かめたが、事件に関する記述は見当たらなかった。

城田氏の起こした事件は、徹頭徹尾城田氏個人の犯罪として裁かれた。しかし、本質的には大東建託という問題企業が引き起こした事件というべきだろう。そして、深刻な問題を抱えた企業であることが歴然としているにもかかわらず、黙認し、宣伝を流すという形で肩を貸してきた新聞やテレビなどの大マスメディア、是正に手をこまねいてきた国土交通省をはじめとする行政当局にも、責任の一端があるはずだ。

私は大東建託にメールで質問を送った。

「事件について発表しなかったのはなぜか。事件にともなって調査や処分は行ったのか」

さすがに何か反応があるかと思ったが、やはり回答はなかった。

判決からしばらく後、ブラック企業大賞のニュースが報じられた。その候補に大東建託の名はなかった。一方で、経済産業省が二〇一八年二月に発表した「健康経営優良法人（大規模法人部門）〜ホワイト５００〜」には、前年に続いてしっかりと名を連ねていた。

二年前のクリスマスに起きた凄惨な事件は、人々の記憶からきれいにぬぐい去られようとしていた。こんな大事件を起こした企業が世の批判をほとんど浴びない世の中を、どう理解すればいいのだろうか。もしかしたら日本全体が大東建託と同質の社会になってしまったのではないかと、私はかすかな戦慄を覚えた。

＊〔二〇一七年一一月～一二月「マイニュースジャパン」掲載記事に加筆・修正〕

※１　後に裁判官の質問に答えたところでは、普段は五〇〇ミリリットルの缶ビール一本と缶チューハイ二本くらいを毎日飲む。この日はそれよりも多く、朝から夜まで、だらだら飲んだという。

※２　ある大東建託社員に尋ねたところ、「信用のあるオーナー（地主）であれば、工事代金が入らなくても先行工事といって前倒しで工事を進めることがある」と教えてくれた。しかし「先行工事」をするに施主の同意などの手続きが必要で、「支店長や課長らが気づかなかったのは奇妙だ」とも語った。

あとがき

「一括借り上げ」をうたい文句に、地主に対して何千万円から億単位のアパート建築契約を売り込む大東建託の営業手法を取り巻く環境は、いま大きく変わろうとしている。

金融庁と日本銀行は、数年前からアパートローンに関して金融機関の監視を強化している。[※1] 二〇一八年二月、アパート建築について日本弁護士連合会が、消費者保護の観点から規制制度の整備を求める意見書を採択した。[※2] 大東建託に厳しい司法判断も出はじめており、二〇一七年末には、採算がとれないアパート建築契約によって損害を受けたとして埼玉県の家主《オーナー》が大東建託を訴えた裁判で、五四〇〇万円の支払いを命じる画期的な判決が東京地裁で下された。[※3] 大阪地裁でも、不採算が明白なアパート建設の契約をさせられて損害を受けたという家主の男性が大東建託を相手に損害賠償請求訴訟を起こしており、審理の中で大東建託側の不正が明らかになっている。[※4] 大東建託と同質の問題をはらむ「スマートデイズ事件[※5]」を契機に、不動産業界の専門記者や新聞・テレビの関心は高まりつつある。『週刊ダイヤモンド』や『しんぶん赤旗』など影響力の大きなメディアも批判的な報道を行いはじめた。[※6]「大東建託商法」は早晩小さからぬ社会問題になるだろう。

契約を獲得すべく家々を片端から訪問する「飛び込み営業」のような力づくの営業手法は限界にきている。今後、経営方針を余儀なくされ、従業員の整理がなされる恐れがあるのではないだろうか。また、顧客である家主の側も、家賃引き下げを求められて金融機関への返済に窮する例が増える可能性がある。経営者や大株主の「食い逃げ」をさせないために、厳しく監視していく必要がある。同時に、国土交通省をはじめとする監督官庁の責任や、金融機関の貸し手責任、アパート投資を熱狂させた為政者の責任を問うことを忘れてはならない。

多田勝美会長が経営から退いた後、大東建託の株の大半は外資系ファンドの手に移った。いまこの会社を支配する者が、姿のよく見えない投資家や資本家だとすれば、労働者や顧客、関係者が受けている苦悩というのは、人間の欲望をエネルギーに繰り広げられたマネーゲームがもたらした災禍なのかもしれない。

「大東建託」になんらかの形で関わりを持ち、不安や心配を抱える方々にとって、本書がささやかながらでも役に立てば、著者として光栄である。

末筆となったが、本書の取材・執筆・出版にあたってお力添えをいただいたすべての皆様に、この場を借りて厚く御礼申し上げる。

二〇一八年五月二一日　　著者

※1　金融庁が全国の地方銀行を調査した結果、アパートローンに際して、銀行側が建築費の数%の紹介手数料を建築会社から得ていることが判明した。
※2　日本弁護士連合会「サブリースを前提とするアパート等の建設勧誘の際の規制強化を求める意見書」https://www.nichibenren.or.jp/activity/document/opinion/year/2018/180215_3.html
※3　東京地裁・平成二六年（わ）２１１５２号、原告代理人・久保田和志弁護士。大東建託は控訴したが、ほぼ一審判決と同じ内容で和解成立。
※4　大阪地裁・平成二七年（わ）８５８７、原告代理人・徳矢卓洋弁護士。
※5　「一括借り上げ」でシェアハウスを経営するとの売り文句で、多数の顧客に数千万円から億単位の銀行融資を受けさせて土地とアパートを販売した建築・不動産会社「スマートデイズ社」が、創業わずか六年たらずで経営破たんした事件。背景にスルガ銀行の不正があったとみられる。
※6　二〇一七年一二月、『ダイヤモンドオンライン』掲載の記事に対して大東建託はダイヤモンド社を名誉棄損で提訴、東京地裁で係争中。

〔参考〕
・全日本建設交運一般労働組合（建交労）東京都本部大東建託支部 http://kenkouro.com/daito-kentaku.htm
・ブラック企業ユニオン http://bku.jp ブラックバイトユニオン http://blackarbeit-union.com/index.html
・サブリース被害対策弁護団（代表・三浦直樹弁護士　事務局〇七八―三七一―〇一七一　神戸合同法律事務所内）https://sublease-bengodan.jimdo.com
・消費者庁の注意勧告（相談先一覧）http://www.mlit.go.jp/common/001227720.pdf

追記

本書出版直前の二〇一八年五月二五日、大東建託代理人弁護士（吉田良夫氏ほか）から同時代社に宛てて配達証明郵便が届いた。大東建託側の言い分を知る貴重な機会なので紹介したい。

5頁からなる配達証明郵便には、本書の内容は同社に対する名誉毀損であるとして、「貴社及び三宅氏に対し、民事刑事にわたり必要な法的措置を取らざるを得なくなります」「本書籍の出版の是非について慎重な対応をされたく、お願い申し上げます」などと書いている。

また、本書11章で紹介した労働組合の執行委員長の古橋治人元練馬支店長について、「古橋氏が三宅氏に対して提供した情報には多くの虚偽や歪曲が含まれていることが明確になっており、多くの虚偽や歪曲が含まれている情報に基づいて三宅氏が執筆した本件書籍の内容は真実ではなく、万が一、貴社が本件書籍を出版した場合にその違法性が否定されることはありません」と述べている。

さらに、八千代支店勤務の社員が自殺した事件（13章）に関しては、同支店員が自殺した事実を認めた上で、この社員が在籍中に契約・完成した建物の数は「二桁」であって「五～六件」の未着工契約ではない、「のろわれているんじゃないの、あはは」という発言をした人物も確認できない。よって三宅に情報を提供した同僚社員の証言は信用できず、虚偽の証言をしている――などと指摘している。

もちろん大東建託が本書のゲラ刷りを読んでいるはずがないが、「マイニュースジャパン」の記事から推測して書いたものと推測される。

タイムマシンを使って過去に起きた事実を目撃したり他人の体験を追体験することは、いまの人類にはできない。取材者自身の直接体験に加え、残された事実や記憶のかけらをひとつずつ拾い集めて問題の真相に迫るのが、ルポルタージュである。この手法を使い、さまざまな制約のなかで可能な限りの取材を尽くして本書は出来上がった。あるいは未熟な部分があるかもしれない。その点は読者各位のご批判・ご指摘を仰ぎたい。本書の刊行を契機にして将来さらに新たな事実がわかり、この企業を取り巻く問題の真相がより明確になることを切に望む。

二〇一八年五月三一日

著者

著者略歴

三宅勝久（みやけ・かつひさ）
ジャーナリスト、ブログ「スギナミジャーナル」主宰。

1965年岡山県生まれ。フリーカメラマンとして中南米、アフリカの紛争地を取材。『山陽新聞』記者を経て現在フリージャーナリスト。「債権回収屋G　野放しの闇金融」で第12回『週刊金曜日』ルポルタージュ大賞優秀賞受賞。2003年、『週刊金曜日』連載の消費者金融武富士の批判記事をめぐり同社から損害賠償請求訴訟を起こされるが、最高裁で勝訴確定。著書に『サラ金・ヤミ金大爆発　亡国の高利貸』『悩める自衛官　自殺者急増の内幕』『自衛隊員が死んでいく　自殺事故“多発地帯”からの報告』（いずれも花伝社）『武富士追及　言論弾圧裁判1000日の闘い』（リム出版新社）『自衛隊という密室　いじめと暴力、腐敗の現場から』（高文研）『自衛隊員が泣いている　壊れゆく“兵士”の命と心』（花伝社）『日本を滅ぼす電力腐敗』（新人物文庫）『債鬼は眠らず　サラ金崩壊時代の収奪産業レポート』『司法が凶器に変わるとき　「東金女児殺害事件」の謎を追う』（いずれも同時代社）『税金万引きGメン』（若葉文庫）『日本の奨学金はこれでいいのか』（共著、あけび書房）など。

大東建託の内幕――“アパート経営商法”の闇を追う

2018年6月15日　　初版第1刷発行
2018年9月28日　　初版第5刷発行

著　者　　三宅勝久
発行者　　川上　隆
発行所　　株式会社同時代社
〒101-0065　東京都千代田区西神田2-7-6
電話　03(3261)3149　FAX　03(3261)3237
組　版　　有限会社閏月社
装　幀　　クリエイティブ・コンセプト
印　刷　　中央精版印刷株式会社

ISBN978-4-88683-837-7